Die besten Single Malts aus aller Welt

Petra Milde

99 x

Whisky

C CHRISTIAN

Inhalt

Als irische Mönche sich im sechsten Jahrhundert zu Missionsreisen aufmachten, starteten sie damit auch zugleich die erste PR-Tour für das »Uisge Beatha«, das »Wasser des Lebens«: Das Destillat, das sie zu Heilzwecken herstellten, fand auch außerhalb der Krankenstuben bald zahlreiche Fans. Herstellung und Reifung wurden vor allem in Schottland perfektioniert und im Laufe der Jahrhunderte entwickelte sich ein Genussmittel, das heute mehr Menschen begeistert denn je – Whisky!

Rund um die Welt wird diese Spirituose auf Getreidebasis heute produziert. In den letzten Jahren steht bei uns vor allem der Single Malt ganz oben in der Gunst der Whiskyfreunde. Ausschließlich aus gemälzter Gerste und aus der Produktion einer einzigen bestimmten Brennerei, doch absolut vielfältig, was individuelle Ausprägungen bei der Herstellung, den für die Lagerung bestimmten Fässern, die Dauer der Lagerung oder die Auswahl der Fässer angeht. Von fruchtig und zart bis würzig und vollmundig, von nicht rauchig bis Torfbombe, von mildem Gaumenschmeichler bis hochprozentigem Herausforderer – das aromatische Angebot ist riesig.

In diesem Buch nehme ich Sie mit auf eine internationale Rundreise, bei der wir mal hier, mal dort eine Single-Malt-Marke herauspicken aus dem schier unüberschaubar gewordenen Angebot. Altbekannte Platzhirsche finden Sie neben aufstrebenden Youngstern und schottische Traditionalisten neben amerikanischen Experimentellen. 99 Vorschläge, die Ihnen Whiskymarken kurzweilig und unterhaltsam vorstellen und die Lust machen sollen, Genuss neu zu entdecken.

Welcher Whisky denn mein liebster sei, werde ich immer wieder gefragt. »Der, den ich grad im Glas habe«, antworte ich meist. Nicht, weil es mir egal ist, was ich trinke, sondern weil es in jedem Whisky, in seiner Geschichte und rund um die Menschen dahinter etwas zu entdecken gibt.

In diesem Sinne: Slàinte!
Ihre

Petra Seidle

01 Aberlour – vom Sherry geküsst

Im Angebot von Aberlour locken 12-, 16- und 18-jährige Standardabfüllungen und diverse Editionen. Die meisten wurden aus einer Kombination von Whiskys komponiert, die in Bourbon- und Sherryfässern reifen durften. Dieses »double casking« beherrscht Aberlour ganz fantastisch und präsentiert Single Malts, die mit Aromen von Sherry, Toffee, Butterkaramell, Grapefruit und einem Hauch von Minze dem Gaumen schmeicheln. Auf Variationen mit Finishes verzichtet Aberlour – die Speyside-Brennerei setzt auf ihr klassisches Profil. Eine ganz besondere Abfüllung der Brennerei ist längst kein Geheimtipp mehr: Der Whisky mit dem gälischen Namen Aberlour a'bunadh (was so viel wie »Das Original« bedeutet) wurde das erste Mal im Jahr 2000 herausgegeben und seither regelmäßig in kleinen Batches limitiert und in Fassstärke abgefüllt. Dieser Whisky reift ausschließlich in Oloroso-Sherry-Fässern heran und verfügt über einen ausgesprochen weichen und cremigen Charakter, geprägt von Orangen- und Kirscharomen, dunkler Schokolade, Ingwer, Trockenfrüchten und Eiche.

Aberlour wurde bereits 1879 gegründet und erlebte Besitzerwechsel und Feuersbrünste, bis die Brennerei 1974 vom französischen Spirituosenunternehmen Pernod Ricard übernommen wurde. Seither arbeitet die Destillerie mit Konstanz, Zuverlässigkeit und gleichbleibend hoher Qualität.

www.aberlour.com

Im kleinen Örtchen Aberlour mitten im Herzen der Speyside liegt die gleichnamige Brennerei.

Allt-A-Bhainne – nichts aus dem Supermarktregal

Es erscheint schon kurios: Da erzeugt eine schottische Whiskydestillerie im Jahr mehr als vier Millionen Liter Alkohol, bringt aber selbst keinen Single Malt auf den Markt. Wer sich auf dem Whiskyparkett ein wenig auskennt, wird beim Namen des Besitzers vermutlich ahnen, warum das so ist: Chivas Brothers, integriert in das Unternehmen Pernod Ricard, nutzt Allt-A-Bhainne als eine der Herzkomponenten seiner bekannten und stark nachgefragten Blends wie 100 Pipers oder Chivas Regal. Erst 1975 wurde die Brennerei genau für diesen Zweck in der Nähe des Städtchens Dufftown gebaut. Die vier Brennblasen arbeiten rund um die Uhr und erzeugen zur Hälfte nich trauchigen, zur anderen Hälfte leicht getorften Whisky.

Einigen unabhängigen Abfüllern wie Cadenhead, Wemyss, Gordon & MacPhail oder Douglas Laing ist es zu verdanken, dass Allt-A-Bhainne-Whisky sich auch als Single Malt präsentieren kann, und das ist gut so: Der Whisky ist ein sehr aromatischer, fruchtiger Malt, der vor allem in Ex-Bourbon-Fässern einen wunderbar würzigen Charakter mit zart grasigen Noten, aber auch Vanille- und Nussaromen entwickelt. Wer einen Allt-A-Bhainne aus einem Sherryfass erwischt, findet die typischen fruchtigen Aromen von Birnen und Äpfeln oft von schokoladigen und tropisch-fruchtigen Noten ergänzt. Und oft ist da auch ein Hauch von Pfeffer.

www.pernod-ricard-deutschland.de

Bei Allt-A-Bhainne wird in äußerer Schlichtheit auf Hochtouren produziert.

anCnoc – alias Knockdhu

Wer sich auf der Suche nach der anCnoc Distillery macht, wird das vergebens tun: Eine Whiskybrennerei mit diesem Namen gibt es nicht. Der anCnoc Single Malt ist das Label der Knockdhu Distillery. Seit 1993 nutzt man den Namen anCnoc, um Verwechslungen mit den Produkten der Knockando Distillery auszuschließen, die ebenfalls in der Speyside angesiedelt ist.

anCnoc Single Malt ist eine jener Whiskymarken, die zwei unterschiedliche Gesichter zeigt: Neben der für die schottische Speyside-Region vertrauten ungetorften Whiskylinie stellt Knockdhu (gesprochen übrigens »Nock-Du« mit Betonung auf der zweiten Silbe) seit 2004 in seinen beiden beeindruckend großen Brennblasen auch eine getorfte, rauchige Variante her. Dieser rauchige anCnoc nimmt aber mit etwa 20 Prozent nur einen relativ kleinen Anteil an der Gesamtproduktion von jährlich etwa 1,2 Millionen Litern ein.

▶ **Vor kurzem hat die Brennerei auch ein Besucherzentrum eröffnet und bietet jetzt Besichtigungstouren an.**

Der klassische Stil des anCnoc Single Malt ist dagegen fruchtig-süß, ein wenig floral, zeigt Honig und Vanillearomen und ist von weichem, cremigem Charakter. Hauptsächlich lagert man den Whisky in Bourbonfässern, nur zu rund 15 Prozent kommen Sherryfässer zum Einsatz.

Bei der Auswahl eines anCnoc-Whiskys sollte man sich neben den 12-, 18- und 24-jährigen Standardabfüllungen der Brennerei vor allem die Vintage-Whiskys anschauen: Die aus ausgesuchten Fässern einzelner Jahrgänge zusammengestellten Abfüllungen zeigen kleine, sehr reizvolle individuelle Nuancen, zeugen aber alle von der hervorragenden Qualität des hier in Knock/Huntly in den Highlands produzierten Whiskys.

Wer Ausschau nach einer rauchigen Variante hält, sollte den »Peatheart« ins Auge fassen: Mit seinen 40 ppm ist dieser Ende 2017 erschienene Whisky die rauchigste je erschienene anCnoc-Abfüllung.

www.ancnoc.com

Darf es ein kleines Tasting quer durch das anCnoc-Repertoire sein?
Eine Brennerei, deren Whisky anders heißt als sie selbst: Knockdhu Distillery.

Einen prächtigen Anblick bietet die Ardbeg Distillery vom Meer her.
In den Lagerhäusern ist viel traditionelle Handarbeit nötig.

Ardbeg –
Torf. Grün. Islay

Wie kaum eine andere Whiskymarke hat Ardbeg sich in den vergangenen Jahren tief in den Herzen der »Maltheads« positioniert. Ardbeg steht für stark getorften Whisky, für ein engagiertes Marketing, das Emotionen schafft und mit Geschichten unterhält, für eine starke Fangemeinde und nicht zuletzt auch für eines der beliebtesten Restaurants auf der Insel Islay.

Bei der Frage nach stark rauchigem Whisky kommt man an Ardbeg nicht vorbei. Der Single Malt in den tiefgrünen Flaschen und ebenso dunklen Verpackungen steht nicht nur in den Spirituosenregalen Seite an Seite mit seinen stark getorften Mitbewerbern, sondern auch in der geografischen Realität: Laphroaig, Lagavulin und Ardbeg liegen in einer Linie nur wenige Meilen voneinander entfernt an der Südküste von Islay, einer kleinen Insel der Inneren Hebriden. Als Heimat von derzeit acht produzierenden Whiskybrennereien ist Islay eine Art Mekka für Fans rauchiger Whiskys. Und eine Reise nach Islay ohne Ardbeg-Bbesuch? Unvorstellbar! Sei es, um ehrfurchtsvoll die Washbacks und Pot Stills zu bestaunen, Geburtsstätten des kultigen Single Malt, oder um Manager Mickey Heads einmal persönlich zu sehen, und sei es nur im Vorbeigehen, oder um im berühmten Kiln Café zu Mittag zu essen, und Lachs, Muscheln oder Haggis zu genießen.

Die dauerhaft angebotene Produktpalette von Ardbeg ist überschaubar. Seit Jahren sind die drei Abfüllungen Ardbeg 10, Corryvreckan und Uigedail im Programm und gerade hat sich mit dem An Oa eine vierte hinzugesellt. Neben diesen Dauerbrennern präsentiert Ardbeg regelmäßig limitierte Sondereditionen, bei denen mit der Art und Kombination der jeweils verwendeten Fässer gespielt wird.

Den Fans der Brennerei bietet Ardbeg die kostenlose Mitgliedschaft im Ardbeg Committee an, die unter anderem die Möglichkeit bietet, diese Sondereditionen vorab in Fassstärke als Committee Bottling zu erwerben. Rein theoretisch jedenfalls – die online angebotenen Flaschen sind üblicherweise innerhalb weniger Minuten ausverkauft.

www.ardbeg.com

05 Ardmore – die Highlands können auch rauchig

Der meiste Whisky, der in der Ardmore Distillery in der Grafschaft Aberdeenshire produziert wird, begegnet uns im Spirituosenregal nicht als Single Malt. Schwerpunktmäßig wird er zur Herstellung von Blends verwendet, hauptsächlich für das Label Teacher's. Adam Teacher war es auch, der die Ardmore-Brennerei 1898 gründete. Große, mächtige Gebäude sind es, in denen mittlerweile acht Brennblasen (vier Wash Stills und vier Spirit Stills) ihre Arbeit tun. Sieben Tage die Woche wird derzeit in Ardmore gearbeitet, um die jährliche Produktion von 5,5 Millionen Litern gewährleisten zu können. Ein Teil davon gibt Beam Suntory, heutiger Besitzer der Brennerei, als Single Malt heraus. Er verfügt über einen angenehmen, rauchigen Charakter. Als Standardprodukte stehen der sehr gefällige Ardmore Legacy zur Verfügung, bei dem nur ein Teil des verwendeten Malzes getorft wurde, und der Ardmore Tradition, der ausschließlich aus rauchigem Malz produziert wurde und ein klein wenig kräftiger daherkommt. Ein Tipp für Freunde von fruchtig-würzigen Finishes: Der Ardmore 12 Jahre Port Wood Finish ist unbedingt einen Versuch wert!

www.ardmorewhisky.com

In Reih und Glied stehen die Brennblasen der Ardmore Distillery.

Auchroisk – since 1974

Der Name Auchroisk ist vielen Whiskyfans nicht unbedingt geläufig. Als Single Malt fristet er ein recht zurückgezogenes Dasein, da der Großteil der Produktion für die Blendindustrie verwendet wird. Der J&B Blended Scotch Whisky sei da beispielsweise genannt.

Im Laufe der Jahre hat der Besitzer Diageo den Stil des Whiskys leicht verändert, um ihm dem Bedarf anzupassen. Sind ältere Abfüllungen oft grasiger und hell-fruchtiger im Charakter, so ist der aktuelle Stil eher ein wenig mehr von nussigen Aromen, Beeren, Rosinen und Malz geprägt. Nur wenige Auchroisk Single Malts kommen als Originalabfüllungen vom Hersteller auf den Markt, doch es lohnt sich, nach Ausgaben von unabhängigen Abfüllern Ausschau zu halten. Signatory zum Beispiel oder Gordon & MacPhail haben Auchroisk-Fässer in ihren Lagerhäusern und bringen hin und wieder eine Edition heraus. Hoffen wir, dass der Auchroisk noch eine Weile so etwas wie ein Geheimtipp bleibt, damit die Nachfrage nicht zu stark wird und die Preise nicht ruckzuck nach oben gehen …

www.malts.com

Himbeeren? Rosinen? Malz? Die Aromatik des Auchroisk-Whiskys ist vielseitig.

Aultmore – typisch Speyside

Ein fruchtig-würziger Whisky mit Noten von frischem Gras, Apfel, Haselnüssen und feinen floralen Anklängen – der Aultmore ist ein Speyside-Whisky, wie man ihn sich typischerweise vorstellt.

Als Alexander Edward 1896 die Aultmore Distillery erbaute, da lagen die Gründungen der Brennereien Craigellachie und Dallas Dhu bereits ebenso hinter ihm wie die Übernahme der Leitung von Oban, Yoker und Benrinnes. Und als wenn das noch nicht genug Engagement gewesen sei, erbaute er parallel zur Aultmore Distillery auch noch das heute wohl bekannteste Hotel der Speyside, das Craigellachie Hotel.

Damals hätte sich Alexander Edward wohl nicht träumen lassen, dass die einstige Aultmore-Brennerei 1970 völlig neu erstehen würde und heute ununterbrochen produziert, um den Bedarf ihres Eigentümers an Single Malt für dessen diverse Blended Whiskys zu stillen. 1923 hatte er Aultmore an John Dewars & Sons verkauft und als Dewars 1998 an den Spirituosenkonzern Bacardi verkauft wurde, wechselte auch Aultmore in dessen Besitz über.

▶ **Die Dampfmaschine, die bis 1970 ihren Dienst in der Brennerei tat, ist im Eingangsbereich ausgestellt.**

Seit 2004 ist mit dem Aultmore 12 Jahre ein offizelles Bottling der Brennerei auf dem Markt, nachdem man den Single Malt lange nur von unabhängigen Abfüllern erhielt. Auch einige besondere ältere Ausgaben sind als Originalabfüllungen erschienen wie beispielsweise der Aultmore 16 Jahre Centenary. Dieser erschien 1996 zum 100. Geburtstag der Brennerei und liegt mit der dunklen Farbe und den herrlich vollmundigen Aromen bei einem Preis von mehreren hundert Euros und kann somit wohl nicht als Alltagsdram bezeichnet werden. Aber wer von der Begegnung mit dem Aultmore 12 Jahre begeistert ist, findet mittlerweile auch einen 18-jährigen und einen 25-jährigen im Angebot vor. Jede Menge Möglichkeit zum Genuss also.

www.bacardilimited.com

Ein 25-jähriger Aultmore: ein Vierteljahrhundert in flüssiger Form

08 Balvenie – THE! Balvenie

Der Whisky aus der Balvenie Distillery im Herzen der Speyside trägt ein »The« im Namen, das wir in unserer Überschrift aus alphabetischen Gründen einfach unterschlagen. Und dabei hat der Single Malt es doch wirklich verdient, dermaßen geadelt zu werden.

Die Balvenie-Brennerei ist noch immer in Familienbesitz. Das Unternehmen William Grant & Sons nennt daneben noch die Malt-Brennereien Glenfiddich und Kininvie ihr eigen, die beide nur einen Steinwurf entfernt liegen, und die Grain Distillery Girvan an der Westküste der Lowlands.

Und obwohl die Single Malts Glenfiddich, Kininvie und The Balvenie mit dem gleichen Wasser produziert werden und die Fässer in gleichem Klima reifen, sind sie doch so unterschiedlich. Wer sich die Brennblasen einmal genauer anschaut, der kann einen der Hauptgründe für die aromatische Vielfalt erkennen: Während Glenfiddich kleine, hohe und schlanke Brennblasen verwendet, sind die von Balvenie gedrungen und dick. So ist der Kupferkontakt des aufsteigenden Alkohols bei Glenfiddich wesentlich größer und der New Make viel fruchtiger und feiner. Balvenie produziert kräftigeren, nussigen und öligeren New Make. Zudem leistet sich Balvenie als eine der wenigen schottischen Brennereien noch immer eine eigene Mälzerei und mälzt einen Teil des Getreides selbst.

Der klassische Stil von The Balvenie Single Malt ist ungetorft, nussig, würzig, vollmundig, unterstützt von Vanille und Eichearomen. Mit dem Double Wood hat Balvenie eine Vorreiterrolle übernommen: Master Blender David Stewart hatte Single Malt erstmals nacheinander in verschiedenen Fässern reifen lassen. Beim Double Wood 12 Jahre zunächst in Bourbon-, abschließend zwei Jahre in Sherryfässern. Mittlerweile ist dieses Fassmanagement für fast alle Brennereien selbstverständlich.

Und auch wenn man von The Balvenie im Prinzip keinen Rauch im Glas erwartet, mitunter wird es doch rauchig: Gelegentlich wird auch in der Balvenie-Mälzerei getorft, jüngstes Ergebnis ist der 14-jährige Balvenie Peated Triple Cask.

www.thebalvenie.com

Die Brennblasen von Balvenie sind klein und gedrungen.
Eine Präsentation des Balvenie Repertoires von 12- bis 21-jährigen Abfüllungen

09 Blair Athol – kling Glöckchen …

Vollfruchtig, süß und voluminös: Die meisten Abfüllungen von Blair Athol, allen voran der klassische 12-Jährige, sind geprägt von der Reifung in Sherryfässern.

Sie sind keine Single Malts, mit denen der Besitzer Diageo den Markt überschwemmt. Neben dem Blair Athol 12 Jahre gab es 2017 eine 23-jährige Sonderabfüllung in Fassstärke, aber ansonsten schaut man sich seit Jahren vergebens nach Originalabfüllungen um. Bei unabhängigen Abfüllern wird man hin und wieder fündig und kann Blair Athol als Jahrgangswhisky oder Einzelfassabfüllung genießen. Zu selten eigentlich, wie viele Whiskyfans finden, Blair Athol hätte wahrlich ein wenig mehr Aufmerksamkeit verdient.

Dass Diageo diesen Whisky so zurückhaltend als Single Malt promotet, liegt nicht zuletzt an seiner wichtigen Rolle für einen der angesehensten und meistverkauften schottischen Blends, den Bell's. Blair-Athol-Whisky war schon immer das Herzstück dieser seit 1896 existierenden Whiskymarke. Die starke Verbundenheit von Blair Athol und Bell's wird auch im Besucherzentrum der Brennerei in Pitlochry unterstrichen, das zu einem der meistbesuchten in ganz Schottland gehört. Kein Wunder, liegt die Blair Athol Distillery doch ideal an der Verbindungsstraße von Edinburgh und Inverness mitten durch die Highlands.

▶ **Nicht wundern, wenn Sie auf der Karte nachschauen: Der Ort Blair Atholl schreibt sich tatsächlich mit einem »l« mehr als die Brennerei.**

Die Geschichte der Blair Athol Distillery reicht lange zurück: Bereits 1798 wurde sie von John Stewart und Robert Robertson gegründet, damals allerdings noch unter dem Namen »Aldour«. Blair Athol heißt die Brennerei erst seit ihrer Neueröffnung 1825, nachdem sie eine Zeit der Stilllegung und anschließender Renovierung und Vergrößerung erlebte. Auch 1932–1949 war Blair Athol geschlossen, doch seither ist sie fleißig aktiv.

www.malts.com/en-row/distilleries/blair-athol

Die Brennerei Blair Athol bietet einen malerischen Anblick.
Ein Blick in den Innenhof durch das verzierte Tor der Brennerei

10 Bowmore – der Hauptstadtwhisky

Er ist ein Kind der Insel Islay und was das Alter der Brennerei angeht sogar der älteste: Die Bowmore Distillery wurde bereits 1779 gegründet. »Rauchig« ist das Adjektiv, das zuerst genannt wird, wenn es um die Charakterisierung des Bowmore Single Malt geht. Andere häufig genannte Aromen sind Salz, Süße, Sherry, Zitrone, Trockenfrüchte, florale Noten, Karamell oder Schokolade.

Von Bowmore No. 1 und Small Batch ohne Altersangabe über einen 12-, 15-,18- bis zum 25-jährigen Bowmore reicht die Standardpalette für den Einzelhandel. Mal sind es reine Ex-Bourbon-Ffässer wie beim Small Batch, die dem rauchigen Single Malt mit Vanille und Zitrusaromen ihren geschmacklichen Stempel aufdrücken. Häufiger jedoch ist der Einfluss von Sherryfässern. Durch alle Aromen hindurch aber präsentiert sich der Torfrauch, der den Bowmore mit seinen rund 25 ppm Phenolgehalt im Ausgangsmalz zwar nicht zum rauchigsten Whisky der Insel macht, ihn aber deutlich prägt.

Trifft das Attribut »älteste« auf die Bowmore-Brennerei im Hinblick auf die Insel Islay zu, so rühmt sich ihr Lagerhaus »Vaults No. 1« sogar, das älteste noch genutzte in ganz Schottland zu sein.

www.bowmore.com/de

Bowmore Distillery: ein beeindruckender Anblick in der Dämmerung – ideale Zeit für einen Whisky

Bruichladdich –
rauchig oder auch nicht

Eine klare Trennung der unterschiedlichen Produktlinien der Islay-Brennerei Bruichladdich durch unterschiedliche Labelnamen hilft Whisky-fans auf einen Blick zwischen »rauchig« und »nicht rauchig« zu unterscheiden. Bruichladdich Single Malt ist letzteres und steht für Vanille- und Malzaromen, für florale Anklänge und helle Fruchtnoten wie Mandarinen oder Zitrusfrüchte und für einen Hauch von Salz. »Think local« ist schon seit langem ein treibender Gedanke der Brennerei. Dieser lokale Bezug zeigt sich bei der Abfüllung Bruichladdich Islay Barley, für die das Getreide ausschließlich auf der Insel heranwächst.

Den liebevoll »Laddie« genannten Bruichladdich gibt es in verschiedenen Altersstufen, doch der Laddie Ten hat für viele Fans Kultcharakter. Während er bis 2014 vom langjährigen Master Distiller Jim McEwan kreiert wurde, ist seit der 2016er-Edition sein Nachfolger Adam Hannett für die Auswahl der Fässer verantwortlich. Diese Laddie Ten 2nd Edition zeichnet sich dadurch aus, dass sich zu den Bourbon- und Sherryfässern nun auch Weißweinfässer hinzugesellten – ein komplexes Aroma von tropischen Früchten, Honig, Malz und Eiche ist das Ergebnis dieser Vermählung. Wunderbar, aber leider limitiert. Als Trost sei gesagt, dass wir uns mit großer Wahrscheinlichkeit auf eine Edition Nr. 3 freuen können.

www.bruichladdich.com

Die Farbe Türkis steht unverwechselbar für Bruichladdich.

Oben links:
Alltagsarbeit: Stuart Young beim Stapeln leerer Fässer
Oben rechts:
Islay Gerste wächst für Bruichladdich Single Malt heran.
Unten:
Distillery Manager Allan Logan

Am Ende der südöstlichen Küstenstraße liegt die Bunnahabhain Distillery.
Dunkle Flaschen mit goldenem Inhalt

Bunnahabhain – Whisky vom Ende der Straße

Neben Bruichladdich ist Bunnahabhain der zweite Single Malt der Insel Islay, der sich nicht an das Motto »Whisky von Islay ist stark rauchig« hielt. Seit 1963 jedenfalls. Und bis vor kurzem. Derzeit orientiert sich die Brennerei mehr an der Devise »Was gut ist, muss wachsen«: Zum lang bekannten und bewährten Bunnahabhain 12 Jahre haben sich in jüngster Zeit diverse andere Abfüllungen hinzugesellt, rauchig oder nicht rauchig.

Die Brennerei selbst spiegelt mit ihrem reichlich verwitterten und etwas trostlosen Anblick den Charakter ihres Single Malt in keiner Weise wider. Der hat ein fruchtiges, süßes, nussiges und vor allem öliges Erscheinungsbild und bietet jüngst in verschiedensten Editionen mit schier unaussprechlichen gälischen Namen durch unterschiedliche Fassreifungen oder Variationen von getorftem Malz eine bunte Palette an. Stiuireadair reifte in First-fill- und Refill-Sherry-Fässern heran, Moine und Toiteach sind stark rauchig, Cruach-Mhòna eher fein rauchig, dafür kräftig malzig, Eirigh na Greine reifte in Weißweinfässern …

▶ **Neben den Originalabfüllungen gibt es auch wunderbare Bunnahabhain unabhängiger Abfüller wie beispielsweise Signatory.**

Gedrungen und langgestreckt präsentieren sich die zahlreichen Lagerhäuser von Bunnahabhain ganz am Ende der abenteuerlichen, schmalen Straße, angeschmiegt an den Küstenverlauf. Der gälische Name Bunnahabhain (»mouth of the river«) bezieht sich auf den kleinen Fluss Margadale, der hier mündet und die Brennerei mit dem für die Whiskyproduktion nötigen reinen, weichen Wasser versorgt.

Damit die Brennerei künftig für Besucher genauso interessant ist wie das neue breit angelegte Single-Malt-Angebot investiert das Unternehmen Distell derzeit 11 Millionen Pfund in die Expansion und Verschönerung von Bunnahabhain und plant ein ganz neues Besucherzentrum. Es tut sich was am Ende der abenteuerlichen Küstenstraße im Nordosten von Islay – wir sind gespannt!

www.bunnahabhain.com

13

Caol Ila – Rauch mit Aussicht

Ein wahrer Produktionsriese steckt hinter diesem Single Malt, für den Fans kräftig-rauchiger Whiskys schwärmen: Immerhin 6,5 Millionen Liter Alkohol kommen aus den Brennblasen der Islay-Destillerie. Zum großen Teil werden sie für die verkaufsstarken Blends des Unternehmens Diageo verwendet, doch mittlerweile ist auch der Anteil an Single Malts von Caol Ila angestiegen.

Der 12-jährige Caol Ila ist ein Klassiker in den Spirituosenregalen und hat mit dem 18- und 25-jährigen und nicht zuletzt auch mit der Distiller's Edition treue Gefährten an seiner Seite. Letztere ist eine jährlich herausgegebene limitierte Sonderausgabe, bei der dem zweijährigen Caol Ila noch eine Nachreifung in Moscatel-Fässern zuteil wurde. Wer sie noch nicht im Glas hatte, ist zu bedauern, ebenso wie all diejenigen, die noch nicht in den Genuss eines Caol Ila Unpeated kamen – den gibt es nämlich auch. Zwar ist die allgemein bekannte Linie von Caol Ila kräftig rauchig, aber im Rahmen der Serie Special Releases kommen auch immer wieder einmal nicht getorfte Abfüllungen auf den Markt. Wer übrigens nicht weiß, was das Schönste an der Caol-Ila-Brennerei ist, der sollte eine Besichtigungstour machen und vom Brennraum aus durch die verglaste Front schauen: Der Blick hinaus über den Sound of Islay ist überwältigend!

www.malts.com/en-row/our-whisky-collection/caol-ila

Die Wegweiser auf der Whiskyinsel sprechen für sich.

Clynelish – im Osten gewachsen

Hoch oben an der Ostküste Schottlands entsteht ein Single Malt, der mit zarten Zitrusnoten, dezenter Salzigkeit und einem ölig-wachsigen Charakter die Freunde von nicht rauchigem, feinen Whisky begeistert.

Viele Abfüllungen gibt es von Clynelish nicht. Als ständige Abfüllung steht uns genaugenommen nur der Clynelish 14 Jahre zur Verfügung, der ab und zu von einer Distiller's Edition mit Finish im Oloroso-Sherry-Fass oder einer Select Reserve ergänzt wird. Schade eigentlich, denn der Clyneslish mit seinem feinen Aroma und Kerzenwachsmundgefühl ist ein Whisky, der geschmacklich in einer ganz eigenen Liga spielt. Doch es ist bei dieser viel produzierenden Brennerei (4,8 Millionen Liter Alkohol jährlich) wie bei vielen anderen auch: Der Großteil der Produktion wandert in Blended Whisky. Erfreuen wir uns also an dem, was an Single Malt von Clynelish auf den Markt kommt. Die Preise für den 14-jährigen Clynelish sind im Vergleich zu anderen Single Malts noch auf dem Teppich geblieben.

Ganz anders übrigens als die Preise für den Whisky, der früher auch einmal auf diesem Gelände entstand: Die Brora-Destillerie war bis 1983 hier tätig. Die Brennblasen verstauben im alten Gebäude neben der Clynelish-Brennerei und Single Malt, der den Namen »Brora« trägt, wird preislich hoch gehandelt.

www.gordonandmacphail.com/our-whiskies/distilleries/clynelish

Zwei Brennereien dicht bei dicht: Brora (noch geschlossen, wird demnächst reaktiviert) und Clynelish

15 Cragganmore – einer für alle

Dass dieser Speysider so vielen Whiskyfreunden bekannt ist, verdankt er wohl vor allem der genialen Marketingidee der Firma Diageo, die 1987 die Classic Malts aus der Taufe hob: Sechs ausgewählte Whiskys präsentierte diese Serie, jeweils einen für eine schottische Whiskyregion. Cragganmore wurde als Repräsentant der Speyside ausgewählt.

Als ausgewogener, würziger Malt mit Karamellnoten, einem Hauch Vanille und Honig, fruchtigen wie nussigen Aromen und einem deutlich wahrnehmbaren, aber nicht vordergründigen Torfrauch ist der Cragganmore 12 Jahre ein Single Malt, der irgendwie immer passt, der eben Everybody's Darling ist. Wie von jedem Whisky der Classic Malts Selection gibt es auch vom Cragganmore eine Distiller's Edition: Dazu darf der klassische 12-Jährige in Portweinfässern nachreifen und bekommt eine vollmundige, süße und beerige Note. Damit ist das Produktrepertoire der Brennerei eigentlich erschöpft, aber wer die Brennerei besucht, kann vor Ort eine limitierte Ausgabe des Cragganmore »only available at the distillery«mit 48 % vol erwerben.

Als 1869 John Smith die Brennerei Cragganmore hier in Ballindalloch gründete, wählte er den Ort wie alle Brennereigründer zunächst einmal unter dem Gesichtspunkt Wasserversorgung aus: Der Craggan Burn fließt in unmittelbarer Nähe vorbei. Ein weiteres Kriterium war für ihn ebenso entscheidend und das war die benachbarte Bahnlinie, die die Versorgung mit Getreide und den problemlosen Abtransport des verkauften Whiskys gewährleistete.

Wer Schottland nicht per Bahn oder Auto, sondern als Wanderer kennenlernen möchte, dem sei der beliebte Speyside Way empfohlen, der ebenfalls hier entlangführt. Neben Cragganmore liegen noch weitere Whiskydestillerien wie beispielsweise Aberlour, Macallan oder Glenlivet direkt an der Wegstrecke.

www.malts.com/en-row/our-whisky-collection/cragganmore

Eine schmale Zufahrt führt in die Cragganmore Distillery.
Lagerhaus Nummer 1: Hier schlummern die flüssigen Schätze.

16 Craigellachie – in ganzer Fülle

Fans des Speyside-Whiskys Craigellachie werden wohl 2014 zu ihrem besonderen Glücksjahr erklärt haben: Nachdem es neben Bottlings unabhängiger Abfüller bis dahin nur einen 14-jährigen Craigellachie als Single-Malt-Originalabfüllung gab, brachte der Besitzer John Dewars gleich drei

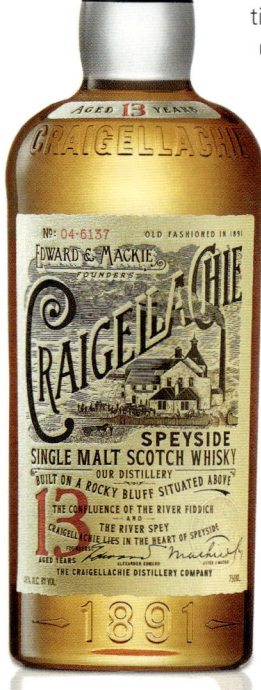

neue Produkte heraus: Craigellachie 13, 17 und 23 Jahre.

Er bietet eine angenehme Süße, der Craigellachie, verbunden mit Orangen-, Mandarinen- und Sherryaromen. Von Feigen und Karamell ist in Tastingnotes meist die Rede, von komplexer Fülle und voluminösem, öligem Mundgefühl.

Und auch als »fleischig« wird der Geschmack des Craigellachie oft beschrieben. Aber wie kann ein Whisky denn fleischig schmecken, fragt sich wohl mancher jetzt. Mit fleischig werden im Hinblick auf Whiskygeschmack oft dunkle, erdähnliche Aromen beschrieben, eine süßliche Schwere, die von schwefligen Verbindungen herstammt. Und die kommen bei der Whiskyproduktion mal mehr und mal weniger vor, abhängig beispielsweise von der Dauer der Gärung oder dem Kupferkontakt des Destillates. Bei Craigellachie schwingen diese Noten im Hintergrund deutlich mit, sind aber durchaus kein negativ zu bewertendes Merkmal, sondern geben dem Single Malt seinen besonderen schweren Charakter. Aber das ist natürlich Geschmackssache – wie mit allen Aromen …

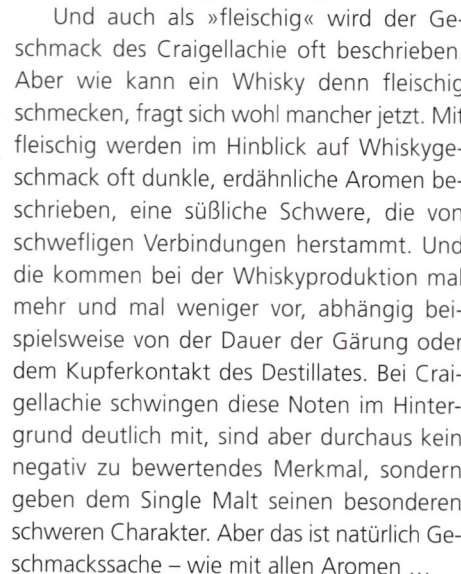

www.craigellachie.com

Dalmore – der Platzhirsch

Das Flair des Exquisiten und Teuren umgibt den Dalmore-Whisky und er gehört international zu den bekanntesten schottischen Single Malts.

Gegründet von Alexander Matheson gelangte Dalmore schon bald in den Besitz des Clans Mackenzies. Derart geadelt blieb der Whisky eigentlich bis heute, denn die Mackenzies fusionierten 1960 mit Whyte & Mackay, einem großen unabhängigen Abfüller.

Das vollmundige Aroma des Dalmore Single Malt, das von Sherrynoten, süßer Johannisbeer- und Orangenmarmelade, Dörrobst und einem Hauch Leder und Menthol geprägt ist, sucht seinesgleichen. Berühmt ist die Abfüllung Dalmore King Alexander III, benannt nach dem schottischen König, dem ein Mitglied des Mackenzie-Clans während einer Jagd 1263 das Leben gerettet haben soll. Der Hirschkopf ziert seither das Familienwappen der Mackenzies und ist Markenzeichen auf jeder Flasche Dalmore-Whisky. Im Handel gab es lange nur den Dalmore 12 Jahre. Daneben hat auch der Dalmore Cigar Malt Liebhaber gewonnen: Sehr üppig, süß und schwer wird er als Partner von Zigarren empfohlen – man kann ihn aber auch ohne genießen …

www.thedalmore.com

Königlicher Zwölfender: Der Hirschkopf ist das Markenzeichen von Dalmore.

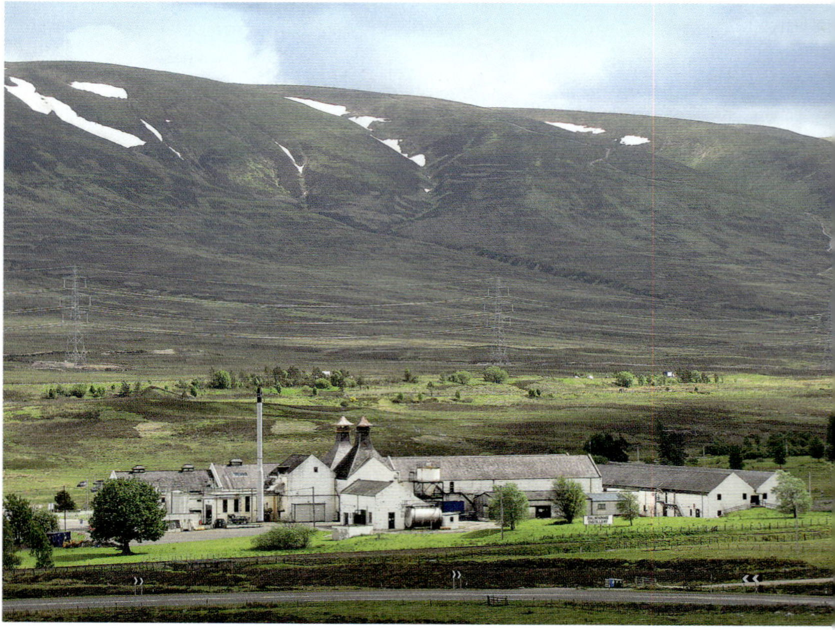

Die höchstgelegene Brennerei Schottlands blickt nicht selten auf Schnee.
Eine Besichtigungstour verschafft einen Blick hinter die Kulissen.

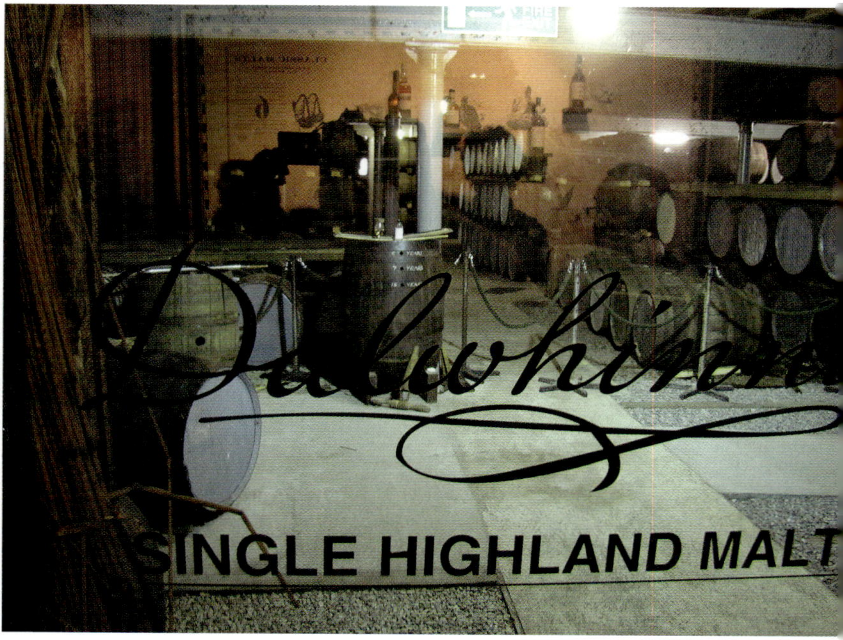
Dalwhinnie
SINGLE HIGHLAND MALT

Dalwhinnie – höher, kälter, Dalwhinnie

Von der höchstgelegenen Brennerei Schottlands kommt einer der feinsten und elegantesten Single Malts: Dalwhinnie überzeugt Einsteiger wie langjährige Whiskygenießer.

Es ist der kälteste Ort Schottlands, das belegen die Daten der hier in der Brennerei untergebrachten Wetterstation. Aber die niedrigen Temperaturen waren nicht der Grund dafür, hier im abgelegenen Herzen des schottischen Nationalparks Cairngorms eine Whiskybrennerei zu errichten. Vielmehr waren es strategische Gründe: Hier kreuzten sich früher die Viehtrecks, die durch das Speytal kamen und auf Perth hin zielten, und jene, die durch das Speantal in Richtung Falkirk zogen. So gab es hier schon sehr früh eine Bahnstation und die zuvor so abgelegene Gegend wurde gut erreichbar, ohne ihren anderen Whiskybrennerei-Pluspunkt zu verlieren: Hier gibt es jede Menge reines Wasser – dem vielen Schnee und dem Schmelzwasser sei Dank.

▶ **Für die Dalwhinnie Distillers Edition reift der Whisky in Oloroso Sherry Fässern nach und präsentiert sich mit vollmundigen, fruchtig-malzigen Aromen.**

Beim Blick auf die Landkarte ist die Entscheidung Diageos, Dalwhinnie als Vertreter der Highlands in die Serie Classic Malts aufzunehmen, absolut nachvollziehbar. Bei der schottischen Behörde SWA allerdings verlaufen die Grenzen der Region Speyside so, dass sie Dalwhinnie einschließen.

So ist der Dalwhinnie Single Malt mit seinen weichen Noten von Honig und Heidekraut, von Mandarinen, Vanille und Malz also ein Speysider. Klassisch kommt er als 15-jährige Abfüllung auf den Markt und die lange Reifung tut ihm gut: Die Kälte hier oben und das schnelle Abkühlen des Destillats in den Kühlschlangen der außen gelegenen Wormtubs führt zu sehr geringem Kupferkontakt. Zündholz- und Schwefelaromen lassen sich im New Make wahrnehmen, die dann durch die Entwicklung während der Lagerung in den Hintergrund treten und dem fruchtig-würzigen süßen Aromenbild Raum geben.

www.malts.com/en-row/distilleries/dalwhinnie

Das Backsteingebäude der Brennerei beherbergte einst eine Baumwollfabrik.

Deanston – wiederentdeckte Würzigkeit

Er ist ein Whisky, der lange Zeit kaum Beachtung fand, aber in letzter Zeit als Single Malt immer mehr von sich reden macht: Deanston ist kein leicht-fruchtiger Whisky, der sich beschwingt überall einfügt, sondern hat einen würzigen, herben Charakter mit fast wachsigem, öligem Erscheinungsbild.

Eine ehemalige Baumwollfabrik ist das Zuhause der erst 1965 gegründeten Brennerei. Die großen Backsteingebäude liegen direkt am River Tay, der nicht nur das Wasser für die Whiskyproduktion liefert, sondern über mächtige Turbinen auch den nötigen Strom. Es wird sogar so viel Energie erzeugt, dass ein erheblicher Teil davon ins öffentliche Netz eingespeist wird.

Nach acht Jahren der Stilllegung eröffneten Burn Stewart Distillers Deanston 1990 neu und gaben dem Single Malt, der bis dahin kaum Beachtung gefunden hatte, wieder eine Chance. Seit 2013 ist die südafrikanische Gruppe Distell der Besitzer der Brennerei und verfolgt die Linie weiter, den würzigen Whisky mit seinen Honig-, Malz-, Ingwer- und Eichennoten voranzubringen. Hauptsächlich prägen Bourbonfässer den Malt, dessen Hauptabfüllungen der 12-jährige und 18-jährige Deanston sind. Wer es jung und etwas ruppig mag, hat vielleicht Spaß am Deanston Virgin Oak: Ein Finish in frischer amerikanischer Eiche verleiht dem Single Malt ohne Altersangabe trockene, würzige Noten und ungewöhnliche Süße.

▶ **Deanston Fans pilgern in die Brennerei, um sich dort aus besonderen Fässern persönlich eine Flasche abzufüllen.**

Seit 2012 verfügt die in den südlichen Highlands gelegene Deanston-Brennerei auch über ein Besucherzentrum und bietet an sieben Tagen in der Woche unterschiedlich gestaltete Besichtigungstouren an.

www.deanstonmalt.com

20 Edradour – die nicht mehr kleinste …

Vielbesucht und vielbeschrieben: Die Edradour-Brennerei ist in Sachen Bekanntheit und Besucherattraktivität ganz groß und war dennoch viele Jahre hinweg auf der Liste der schottischen Brennereien die kleinste.

Klein, hübsch, pittoresk – die Adjektive, mit denen die Edradour-Brennerei üblicherweise beschrieben wird, erwecken den Eindruck, sie sei ein idyllisches Plätzchen, das man unbedingt gesehen haben sollte. Und es stimmt auch: Mit ihren beiden Brennblasen erzeugt sie gerade einmal 130.000 Liter Alkohol im Jahr – ein Klacks verglichen mit fast allen anderen schottischen Brennereien. Die letzten Jahre sind jedoch etliche neue Whiskydestillerien entstanden, die in Sachen Größe und Produktionsmenge noch darunter liegen. Genau genommen steht Edradour der Beiname »Kleinste Brennerei Schottlands« also nicht mehr zu – doch eine der schönsten und beschaulichsten ist sie noch immer: Die weißen Gebäude mit den rot gestrichenen Toren und Fensterrahmen, der kleine Fluss, der dazwischen fließt und den man bei der Besichtigungstour mittels hölzerner Brücke überquert, die grüne Landschaft, in die sich das kleine Anwesen hineinschmiegt, – es ist nicht verwunderlich, dass die Touristen busweise kommen.

▶ **Im Februar 2018 hat Edradour die Produktion im Erweiterungsbau aufgenommen, wodurch sich die Kapazität der Brennerei verdoppelt hat.**

Edradour stellt neben der klassischen ungetorften Linie an Single Malt auch einen sehr rauchigen Whisky her, der mittlerweile als Ballechin auf den Markt kommt und sich zu einer eigenen Linie entwickelt hat. Besitzer Andrew Symington, in dessen Hand auch das Unternehmen Signatory ist, lässt die Brennerei derzeit erweitern: Neben Edradour entsteht quasi eine zweite vollständige Brennerei, sodass künftig die Herstellung von rauchigem und nicht rauchigem Single Malt getrennt gefahren werden kann. Die Palette der Edradour Single Malts ist breit und unterschiedlichste Fässer wie Bourbon, Sherry, Sauternes, Port oder Burgunder prägen den würzigen Malt.

www.edradour.com

Die Edradour-Brennerei ist eine kleine Schönheit.
Whiskyfass ist nicht gleich Whiskyfass.

SHERRY BUTT
APPROX
00 BULK LITRES

HOGSHEAD
APPROX
250 BULK LITRES

WINE HOGSHEAD
APPROX
240 BULK LITRES

BOURBON BARREL
APPROX
200 BULK LITRES

21 Fettercairn – Reinheit im Glase

Das Einhorn steht für Reinheit und für Stärke. Eigenschaften, die sich mancher gerne auf sein Banner schreiben würde, und die Familie von Sir Alexander Ramsay tat es: Das Einhorn schmückt das Familienwappen des Clans. Alexander gründete 1824 die Fettercairn-Brennerei und so wurde das Einhorn auch ihr Markenzeichen. So rein wie die Seele der Einhörner ist auch der Whisky, der hier in Fettercairn im schottischen Nordosten zwischen Dundee und Aberdeen entsteht. Ungetorft, frisch und würzig und je nach den Fässern, in denen er heranreifte, mehr oder weniger fruchtig, süß und aromatisch. Aber nicht nur die Fässer beeinflussen seine Aromatik, denn eine kleine Besonderheit an der Brennblase sorgt für großen sogenannten Reflux, einen Rücklauf bei der Destillation, und damit größere Reinheit und Leichtigkeit des Destillates: Außen zieht sich um die Brennblase herum ein kupfernes Band, durch das Wasser an der Brennblase herunter geleitet werden kann und sie abkühlt.

Wer sich nach Fettercairn-Whisky umschaut, findet eine nette Anzahl an Angeboten, allerdings zumeist von unabhängigen Abfüllern.

www.fettercairndistillery.co.uk und www.whyteandmackay.com

Das Einhorn-Logo von Fettercairn ist überall zu finden.

Glen Garioch – nein, nicht wie man es schreibt

In den Highlands ist die schottische Sprache stark von lokalen Dialekten geprägt. Die Brennerei Glen Garioch befindet sich im Nordosten, rund 20 Kilometer nördlich von Aberdeen, und hier ist »Doric« weit verbreitet. Diesem Dialekt verdankt die Brennerei – und damit auch der Whisky – die besondere Aussprache des Names, die von der Schreibweise etwas abweicht: Wenn Sie in Ihrem Whiskyfreundeskreis punkten wollen, dann sprechen Sie ganz souverän von »*Glen Gierie*«.

Ein Glen Garioch im Glas beschert einen nicht rauchigen Whiskygenuss – sofern man eine Abfüllung jüngeren Datums vor sich hat. Vor der vorübergehenden Schließung 1995 wurde mit getorftem Malz aus der eigenen Mälzerei gearbeitet. Als der Besitzer Morrison Bowmore 1997 Glen Garioch wieder eröffnete, entschloss er sich, Mälzböden und Kiln eingemottet zu lassen. Das jetzt verwendete Getreide ist bereits fertig gemälzt und weist den früher stark phenolischen Charakter nicht mehr auf. Single Malts der jüngeren Produktion weisen daher allenfalls einen Hauch von Rauch auf, präsentieren leichtere, etwas blumige Aromen mit einem Zusammenspiel von Zitrusnoten und nussigen Tönen.

www.glengarioch.com

Gemälzte Gerste ist der Grundstoff jedes Single-Malt-Whiskys.

23

Glen Grant – muss man noch etwas dazu sagen?

Unter den »Glens« ist er einer der Bekanntesten: Glen Grant gehört zu den meistverkauften Single Malts der Welt.

Seinen mittlerweile schon fast ehrwürdigen Namen Glen Grant verdankt der Whisky den Gründern der Brennerei. Die Brüder Grant erbauten sie 1840 in der Nähe von Rothes in der Speyside, und sie verblieb bis Mitte des zwanzigsten Jahrhunderts in Familienhand. Dann begann eine Zeit der Firmenzusammenschlüsse und wechselnden Besitzverhältnisse, in der Glen-Grant-Whisky eine wichtige Rolle in der Blendindustrie einzunehmen begann. Heute gehört Glen Grant zum Unternehmen Campari und stellt Whisky nicht nur für die Single-Malt Abfüllungen her, sondern auch für zahlreiche Blends. Mit einer Kapazität von sechs Millionen Litern jährlich ist die Glen-Grant-Brennerei einer der Big Player auf dem Whiskyparkett, füllt aber seine gesamte Produktion noch immer selbst auf dem eigenen Gelände ab.

▶ **Glen Grant ist in Italien seit vielen Jahrzehnten der mit Abstand am meisten gekaufte Single Malt.**

Die Produktpalette, die der Besitzer, die italienische Campari-Gruppe, auf dem Markt präsentiert, reicht vom leichten Einsteiger-Malt Major's Reserve über den 10- und 12- bis zum 18-Jährigen. Alle sind sie geprägt von der Lagerung in Bourbonfässern und sie verfügen über Vanille-, Apfel-, Birnen- und Zitrusaromen. Ein duftiger, frischer und leichter Single Malt, der gefühlsmäßig eher dem Sommer als dem Winter nahesteht.

Eine langjährige Geschäftsbeziehung zum unabhängigen Abfüller Gordon & MacPhail versetzt diesen in die glückliche Lage, aus seinem reichen Lagerbestand in regelmäßigen Abständen Glen-Grant-Abfüllungen herauszubringen. Im Gegensatz zu den Originalabfüllungen des Besitzers haben wir es hier hauptsächlich mit Whisky aus Sherryfässern zu tun, der süße, getrocknete Früchte und wunderbar würzige Aromen ins Glas bringt. So zeigt der Single Malt von Glen Grant sehr unterschiedliche Gesichter – es ist eine spannende und lohnenswerte Sache, sie zu entdecken!

www.glengrant.com

Und nach der Brennereibesichtigung dann stilecht ausruhen
Moderne Produktionsanlagen für einen Whisky mit Tradition

24 Glen Moray –
der Aufstiegskandidat

Waren sie lange Zeit bei uns ein Geheimtipp, so haben sich die Single Malts von Glen Moray mittlerweile eine breite Fangemeinde erobert. Die Produktion steigt und mit ihr die Angebotspalette.

Der Speyside-Whisky präsentiert einen als typisch empfundenen Speyside-Stil: fruchtig, leicht, malzig, mit einem Hauch Vanille. Meistens jedenfalls, denn Ausnahmen bestätigen auch bei Glen Moray die Regel: Ein geringer Teil des Whiskys wird auch aus getorftem Malz erzeugt und verfügt deshalb über Raucharomen. Neben dem 12-jährigen Glen Moray aus Bourbonfässern und dem 16-jährigen aus Bourbon- und Sherryfässern bringt der französische Besitzer La Martiniquaise mittlerweile auch eine beachtliche Range an speziellen Fassfinishes heraus. Vom Chardonnay- über Portwein- bis hin zum Sherryfass hat man hier die Auswahl zwischen unterschiedlich geprägten Abfüllungen. Seit Ende 2015 erfreut man nun die Freunde des Rauchs mit dem Glen Moray Classic Peated, der die Speyside-Fruchtigkeit mit leichtem Rauch und salzigen Akzenten verbindet. Die Brennerei in Elgin wurde in den letzten Jahren ausgebaut, die Anzahl der Brennblasen stetig erhöht und die Produktion stark gesteigert.

www.glenmoray.com

Die Glen Moray Distillery liegt in der Speyside.

Glenallachie –
süße Zukunftsaussichten

Erst 1967 gegründet, wechselte die Glenallachie-Brennerei in der Speyside bereits mehrfach den Besitzer. Seit 2017 gehört sie dem Glenallachie-Consortium, das aus drei Personen besteht, allesamt erfahrene Persönlichkeiten der schottischen Whiskyszene: Billy Walker, Trisha Savage und Graham Stevenson. Kurz bevor sie Glenallachie vom Vorbesitzer Chivas Brothers übernahmen, brachte dieser mit der Glenallachie Distillery Edition das zweite je erschienene offizielle Bottling der Brennerei heraus. Warme Toffeenoten, Milchschokolade, Vanille, Orange – das fruchtig-süße Aromenbild zeigt Glenallachie Single Malt von seiner besten Seite. Viele sind jetzt sehr gespannt, wie sich Glenallachie unter der Leitung von Billy Walker entwickeln wird, der in den vergangenen Jahren BenRiach, Glendronach und Glenglassaugh unter einem Dach versammelt und zu neuer Blüte gebracht hatte. Dieses Dreiergespann hatte er im vergangenen Jahr an Brown Forman verkauft, und jeder rechnete damit, dass sich der erfolgreiche Entrepreneur nun zur Ruhe setzen würde, doch weit gefehlt: Glenallachie ist also sein nächstes Projekt und man kann gespannt sein, wie es sich entwickelt.

www.theglenallachie.com

Glenallachie ist eine der jüngeren schottischen Whiskybrennereien.

26 Glenburgie – geschmeidiger Mitläufer

Sie kennen Glenburgie-Whisky noch nicht? Vielleicht hatten Sie ihn schon im Glas, ohne es zu wissen: Er ist wichtiger Bestandteil vieler Blended Whiskys, hauptsächlich des bekannten Ballantine's.

Eine offizielle Abfüllung der Brennerei zu bekommen, wird sich schwierig gestalten: Zuletzt wurde 2016 eine 17-jährige Abfüllung in Fassstärke herausgegeben. Wer allerdings die Möglichkeit zu einem Brennereibesuch hat, könnte im Visitor Center vielleicht eine Einzelfassabfüllung aus der Serie der Distillery Reserve Collection ergattern. Aber es gibt ja auch noch die unabhängigen Abfüller: Auf Gordon & MacPhail und Signatory ist in dieser Hinsicht Verlass, und je nach Fass, in dem der Glenburgie lagerte, werden die fruchtig-süßen Noten des geschmeidigen und cremigen Speysiders durch Vanille- und Malznoten, Zitrusaromen oder Honig und tropische Früchte variiert.

Im Herbst 2017 brachte Chivas dann eine kleine besondere Reihe heraus, die uns auch einen Glenburgie als Single Malt bescherte: »Ballantine's Single Malt Scotch Whisky« sind die drei Whiskys betitelt, die alle 15-jährig sind, mit 40 % vol. abgefüllt wurden und drei Hauptkomponenten im Ballentine's Blend vorstellen: Neben Glenburgie wurden auch Glentauchers und Miltonduff präsentiert.

www.pernodricard.de

Whiskyaroma kann dem Gaumen schmeicheln wie Honig und Vanille.

GlenDronach – here comes the sherry!

Der Name GlenDronach ist Musik in den Ohren der Fans schwerer, aromatischer und vom Sherry-Fass-Einfluss geprägter Whiskys. Genau auf die hat die Brennerei in den Highlands in den vergangenen Jahren einen starken Fokus gelegt und der Erfolg gibt ihr Recht.

Mit dem Glendronach 12 Jahre als Flaggschiff setzte das Unternehmen an zum Eroberungsfeldzug und hatte mit den weichen, süßen Noten von Weihnachtskuchen, Mandeln, Sherry und Gewürzen im Nu die Gaumen und Herzen vieler Whiskyfans erobert. Alte, edle Abfüllungen wie der Allardice 18 Jahre, Parliament 21 Jahre oder Grandeur 25 Jahre gesellten sich ebenso hinzu wie auch junge, durchaus erschwingliche Single Malts wie The Hielan 8 Jahre. Selbst die Freunde rauchiger Whiskys kommen bei GlenDronach nicht zu kurz: Der GlenDronach Peated erschien 2016. Auch hier bleibt GlenDronach dem vollmundigen, fruchtigen und würzigen Stil treu und setzt nach der Reifung in Bourbonfässern auf ein Finish in Oloroso- und PX-Sherry-Fässern. Zu dieser Zeit hatte gerade das amerikanische Unternehmen Brown Forman den aufsehenerregenden Coup gelandet und die Brennerei GlenDronach zusammen mit Glenglassaugh und BenRiach gekauft. Auch unter neuer Flagge geht der Expansionskurs »geschmackvoll« weiter.

www.glendronachdistillery.co.uk

Auch ausrangierte Fässer können noch ihren (schmückenden) Dienst tun.

28 Glenfarclas – reine Familiensache

Glenfarclas gehört zu den wenigen Brennereien in Schottland, die noch immer in Familienbesitz sind. Gegründet 1836 von Robert Hay, wurde die Brennerei 1865 von John Grant und seinem Sohn George übernommen und seither in der Familie weitergegeben. Mittlerweile ist immerhin die sechste Generation der Grants in der Glenfarclas-Brennerei tätig.

Tradition wird bei Glenfarclas nicht nur in Sachen Weitergabe der Brennerei an die nächste Generation groß geschrieben, sondern auch bei der Produktion des Whiskys. Traditionelles Equipment, traditionelle Methoden und ein traditioneller Stil des Glenfarclas Single Malt. Dieser wird nicht zuletzt geprägt von der fast ausschließliche Lagerung in Sherryfässern. Ein eleganter, voller Körper charakterisiert den Whisky. Trockenfruchtaromen, Honig, Sherry, Mandeln, Malz, Karamell – das Geschmacksbild des Glenfarclas ist voluminös und süß-fruchtig.

Besonders beliebt und bekannt sind neben den klassischen Standardabfüllungen des 10-, 12-, 15-, 18-, 21- und 40-jährigen Speysiders und dem Glenfarclas 105 mit seinen 60 % vol. jene Abfüllungen, die in der Reihe »Family Casks« erscheinen: Ab 1952 wurde für jeden Jahrgang ein besonderes Fass ausgewählt, um als limitierte Einzelfassabfüllung zu erscheinen. Für einige Jahrgänge wurden bereits Nachfolgeabfüllungen herausgebracht, um die Serie komplett zu halten. Eine andere Glenfarclas-Serie wurde als »The Generations Range« herausgebracht: Dabei repräsentiert jedes Bottling eine der Grant-Generationen, in deren Händen die Geschicke der Brennerei lagen und liegen.

Glenfarclas liegt im Herzen der Speyside in unmittelbarer Nachbarschaft zu vielen anderen Whiskybrennereien. Durch diese wunderbare Landschaft führt der berühmte Malt Whisky Trail. Wie wäre es einmal mit einer etwas anderen Urlaubsreise, die den Genuss der einzigartigen schottischen Landschaft und des Whiskys miteinander verbindet?

www.glenfarclas.com

Stillman George Symon hat einen heißen Arbeitsplatz.
Fässer sind Thomas Websters Metier. Er ist Mitarbeiter in den Lagerhäusern.

Glenfiddich Brennblasen: kleine Schönheiten in Reihe
24 Washbacks hat Glenfiddich für die Gärung im Einsatz.

Glenfiddich – das Synonym für Single Malt

Gibt es einen Single Malt, der Glenfiddich international an Popularität übertrifft? Wohl kaum. Jeder Whiskyfan kennt die dreieckige, grüne Flasche. Und die meisten können zudem den stolzen Hirsch auf dem Label der Speyside-Brennerei zuordnen.

Dufftown ist das Zuhause des Glenfiddich-Whiskys. Die unbestrittene Hauptstadt der Speyside, die durch »Rome was built on seven hills, Dufftown stands on seven stills« immer wieder treffend beschrieben wird, ist für viele sogar die Malt-Whisky-Hauptstadt der ganzen Welt. Daran schuld ist ein Mann namens William Grant, der sich 1886 hier seinen Traum von einer Brennerei erfüllte: Glenfiddich. Nur wenige Jahre später folgte die benachbarte Balvenie Distillery. William Grant & Sons wurde 1903 gegründet, und das noch immer in privater Hand befindliche Unternehmen ist heute mit weiteren Spirituosen sehr erfolgreich.

Das Flaggschiff ist und bleibt aber der Glenfiddich Single Malt, der sich mit seinen klassischen Abfüllungen international etabliert hat. Glenfiddich 12 mit seinen typischen Birnenaromen, den süßen Noten von Butterscotch und Sahne, der unterlegten Würzigkeit von Malz und Eiche. Glenfiddich 15, im speziellen Solera-Verfahren durch Vermählung von Whisky aus Bourbon-, Sherry- und frischen Eichenfässern kreiert, sodass sich Honig, Vanille und Trockenfrüchte mit intensiven Gewürznoten verbinden. Glenfiddich 18, der als sogenannte Small-Batch-Abfüllung in kleiner Auflage durch die Kombination von Whisky aus Bourbon- und aus Oloroso-Sherry-Fässern satte Frucht- und Eichennoten bietet. Glenfiddich 21 mit seinem Finish in Rumfässern, die das Geschmacksbild mit Toffee- und Feigenaromen abrunden. Zu diesem Kernsortiment gesellen sich etliche weitere Serien und Editionen, zum Teil sehr rar und alt.

Jüngstes Kind der Glenfiddich-Brennerei ist die Experimental Serie, mit der Glenfiddich innovative Abfüllungen vorstellt, die den Zeitgeist treffen sollen. Eine Nachreifung in IPA-Bier-Fässern beispielsweise, eine Selektion von 20 besonderen Fässern als Glenfiddich XX oder der Winter Storm, ein 21-jähriger Glenfiddich mit einem Finish im Eisweinfass.

www.glenfiddich.com

30 Glenglassaugh – ein Phönix aus jahrzehntelanger Asche

Hätte jemand zur Jahrtausendwende vorhergesagt, dass die Whisky-welt nur 15 Jahre später respektvoll von Glenglassaugh Single Malt sprechen würde, Hohn und Spott wäre ihm wohl sicher gewesen. Hätte aber jemand daran geglaubt und darauf gewettet, so wäre er heute reich.

Bereits 1873 wurde Glenglassaugh gegründet, doch einen Namen machte sich die Brennerei an der Nordostküste Schottlands für mehr als ein Jahrhundert nicht. Die Zeiten, in denen sie geschlossen war, übertrafen die Produktionszeiten, und der Whisky, der in den kurzen aktiven Phasen entstand, wurde nie als Single Malt bekannt. Das änderte sich, als dann im Jahr 2008 die Scaent Group die Glenglassaugh-Destillerie überraschend kaufte und den Betrieb wieder aufnahm. Der Lagerbestand bot einiges an alten Fässern und drei Single-Malt-Abfüllungen mit 21, 30 und 40 Jahren kamen heraus. Neben den Bottlings der alten Glenglassaughs präsentierte man auch den aktuellen New Make und drei Jahre später den ersten selbst produzierten Whisky. Die BenRiach Distillery Company erkannte das Potential, das die Brennerei bot, und erwarb sie 2013.

> ▶ **Wer die alten Glen-glassaugh Abfüllungen liebt, freut sich über die Rare Cask Serie mit 30 bis 50 Jahre alten Abfüllungen.**

Mittlerweile stehen mit dem Revival, dem Evolution und dem rauchigen Torfa drei unterschiedliche ständige Produktlinien zur Verfügung, die gespannt machen auf die weitere Entwicklung der Glenglassaugh Single Malts. So präsentierte Glenglassaugh Ende 2017 eine Serie mit Wood Finishes und betrat damit Neuland, denn Nachreifen in weiteren Fässern gehörte bisher nicht zum Repertoire der Brennerei. Ein Port Wood Finish, ein Peated Port Wood Finish, ein Pedro Ximenez Sherry Wood Finish und ein Peated Virgin Oak Wood Finish zeigen die Wandelbarkeit des Whiskys.

www.glenglassaugh.com

Ein Blick hinter die Neuentwicklungskulisse: die Spirit Drink Range von 2010
Im Besucherzentrum werden interessierte Gäste empfangen.

Glenlivet – nicht erschießen: THE Glenlivet!

Wenn es um die Gründung der Glenlivet-Brennerei geht, dann kommt früher oder später immer die Anekdote mit den zwei Pistolen des George Smith ins Spiel. Für den Fall, dass Sie sie noch nicht kennen, sei sie hier kurz erzählt.

Als George Smith sich 1824 entschloss, seine Brennerei im »Tal des Livet« (nichts anderes bedeutet der gälische Name Glenlivet) durch den Erwerb einer Lizenz zu legalisieren, machte er sich bei seinen Nachbarn nicht beliebt. Das Schwarzbrennen war in dieser Gegend (wie auch in anderen Regionen Schottlands) damals eine selbstverständliche Sache. Allein in den 1820ern wurden rund 14.000 illegale Brennblasen konfisziert und man schätzt, dass ungefähr die Hälfte des in Schottland konsumierten Whiskys an der Steuer vorbei hergestellt wurde. Um dieses Schwarzbrennen einzudämmen, wurden 1823 im Excise Act Lizenzen zum Preis von 10 Pfund

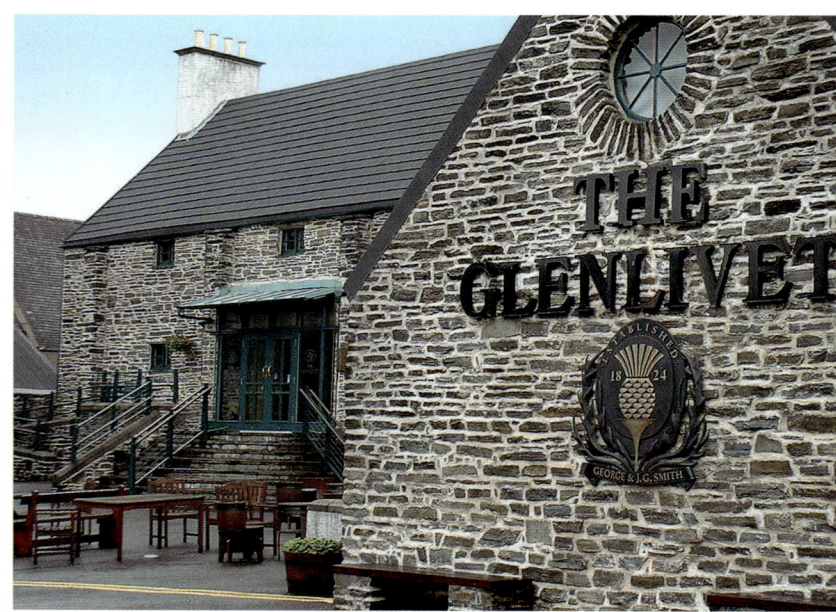

The Glenlivet – eine Brennerei mit bahnbrechender Geschichte

ausgestellt und eine Steuer auf die Menge des hergestellten Alkohols bezogen eingefordert. George Smith sah im Erwerb einer solchen Lizenz einen Weg aus der Kriminalität heraus, seine Nachbarn sahen darin einen Verrat. Man bedrohte ihn und die Furcht vor einem Anschlag auf sein Leben brachte ihn dazu, keinen Schritt mehr ohne zwei Pistolen am Leib zu tun. In der Brennerei sind diese Pistolen noch heute ausgestellt.

Der Erfolg gab George Smith allerdings Recht, und Whisky aus dem Glen Livet bekam einen guten Ruf. Viele legale Whiskydestillerien entstanden und viele nutzten den Namen Glenlivet für sich. George Smiths Enkel begann 1881 gerichtlich dagegen vorzugehen und erstritt in einem dreijährigen Prozess das alleinige Recht, seinen Whisky »The Glenlivet« zu nennen, während die anderen den Zusatz nur an ihren Namen anhängen durften. Soweit der kleine Ausflug in die Geschichte. Bliebe noch zu erwähnen, was man denn von einem Glenlivet im Glas zu erwarten hat. Der Speysider verzichtet auf getorftes Malz und kommt rauchfrei mit frischen und floralen Aromen daher. Weich und malzig, mit Vanille und Eichennoten präsentieren sich die klassischen Abfüllungen. Sondereditionen wie der Glenlivet XXV spielen auch durchaus einmal mit intensiven Sherryaromen und würzigen Noten.

www.theglenlivet.com

Eine Fässergalerie empfängt die interessierten Besucher.

Hoch und elegant sind die Glenmorangie-Brennblasen.

Glenmorangie – giraffengleich

Beeindruckend hohe, elegante Brennblasen sind das Markenzeichen der Glenmorangie-Destillerie. Sie haben mit ihren 5,14 Metern in etwa die Höhe einer ausgewachsenen Giraffe und sind die höchsten in ganz Schottland. Und diese Höhe ist ein entscheidender Grund für das feine und fruchtige Aroma des Glenmorangie.

Sechs Paar Brennblasen recken sich im Stillhouse von Glenmorangie in die Höhe. Es ist ein beeindruckendes Bild, dem der Raum den Beinamen »Highland Cathedral« verdankt. Bei der Destillation schaffen es nur die leichten und besonders reinen Alkoholdämpfe bis ganz nach oben, was die enorm fruchtigen Zitrusaromen und Noten von Pfirsichen, Äpfeln und Birnen im Glenmorangie erklärt. Glenmorangie Original reift für zehn Jahre in First- und Second-Fill-Bourbon-Fässern, in denen sich zu den Fruchtaromen Vanille, Kokos Mandeln und sanfte Gewürze hinzugesellen. Eine dritte Befüllung der Fässer gibt es bei Glenmorangie nicht. Die weiteren Abfüllungen von Glenmorangie wie Lasanta, Quinta Ruban und Necta d'Or bauen mit Finishes in Sherry-, Portwein- und Sauternes-Fässern auf dem Original auf. Neben diesem Kernsegment präsentiert Glenmorangie besondere Abfüllungen als Prestige Expressions und alljährlich eine Private Edition mit besonderen Akzenten hinsichtlich der Fassreifung oder auch der Auswahl des verwendeten Getreides.

1843 ist das offizielle Gründungsjahr der Glenmorangie Distillery und seither sorgen traditionell »16 Men of Tain« für die Herstellung des Highland-Whiskys. Zugegeben – mittlerweile arbeiten deutlich mehr als 16 Leute in der Brennerei, aber man bezieht den historisch liebgewonnenen Begriff nunmehr auf den inneren Kern der tatsächlich mit dem Brennprozess beteiligten Personen. Und »Men« steht auch nicht mehr unbedingt nur für Männer …

www.glenmorangie.com

Casks Charring: Die Fässer werden vor dem Befüllen ausgebrannt.

Ein Blick zurück: Beim Whiskytransport waren viele fleißig dabei.
Fässer, die auf ihre Bestimmung warten

33 Glenrothes – Jahrgänge in Sherry

Nur ganz selten einmal wird man auf einer Flasche Single Malt von Glenrothes eine Angabe wie »12 Jahre« finden. Glenrothes setzt auf Vintage-Abfüllungen, auf die Auswahl der Fässer bestimmter Jahrgänge also, oder lässt aktuell bei den Standards die Angabe eines Alters ganz weg.

Es sind vor allem Sherryfässer, in denen Glenrothes-Whisky heranreift. Sie unterstützen den fruchtigen, leichten Charakter des Speysiders mit einer Glenrothes-typischen Trockenheit. Die Linie für diesen Charakter wird bereits bei der Destillation in den hohen Brennblasen vorgelegt.

In den bauchigen, gedrungenen Glenrothes-Flaschen findet sich fast ausschließlich nicht rauchiger Whisky. Ein Peated Cask Reserve mit Whisky, der in vormals mit Islay-Whisky belegten Fässern reifte, präsentiert einen leicht rauchigen Glenrothes – ein sehr ungewöhnliches Erlebnis. Typischer sind da schon die drei Abfüllungen der Manse Brae Collection, die nach der Straße in Rothes benannt ist, in der die Brennerei zu Hause ist. Und noch typischer präsentiert sich Glenrothes in den Vintage Releases: Leichte Unterschiede in der Ausprägung der Jahrgänge machen das Kennenlernen immer wieder neu reizvoll.

▶ **Mit zehn Brennblasen und einer Produktionskapazität von 5,6 Millionen Litern jährlich gehört Glenrothes zu den Großen der schottischen Whiskylandschaft.**

Die Brennerei ist in den Händen der Edrington Group, doch auch der unabhängige Abfüller Berry Brothers & Rudd war immer wieder eng in die Geschicke eingeflochten. Von 2010 bis Mai 2017 gehörte ihm die Marke Glenrothes sogar, bis sie wieder zurück an Edrington ging. Das Interesse von Berry Brothers & Rudd an Glenrothes kommt nicht von ungefähr: In ihrem Blend Cutty Sark spielt der Speysider eine wichtige Rolle.

Die Glenrothes Distillery liegt in Rothes in der Speyside am Fuße der Mannoch Hills. Für die Öffentlichkeit ist die Brennerei nicht geöffnet, sodass keine Besichtigungstouren angeboten werden.

www.theglenrothes.com

Die speziellen Glenrothes-Gläser erinnern an die leichte Kugelform der Flaschen.
Washbacks von Glenrothes

In einer neuen Ballantine's-Serie ist auch ein Glentauchers Single Malt erschienen.

Glentauchers – meist undercover

Die Brennerei Glentauchers ist ein fleißiges Arbeitstier und erzeugt mehr als vier Millionen Liter Alkohol jährlich. Aber sehen wir oft einen Glentauchers im Whiskyregal stehen? Nein – als Single Malt ist der Speysider eine absolute Ausnahme.

Und doch gibt es sie, die Glentaucher Single Malts. Dank sei vor allem den unabhängigen Abfüllern, die in ihren Lagerhäusern auch Fässer mit dem Speyside-Whisky lagern, deren Hersteller ihn hauptsächlich für seine gut gehenden Blends benötigt. Für den Teacher's zum Beispiel oder den Ballantine's. Signatory und vor allem Gordon & MacPhail haben Glentauchers Single Malt immer wieder einmal in ihrem Programm.

Fruchtig, malzig und süß sind Adjektive, die den Grundcharakter des Glentauchers beschreiben.

Wer die Möglichkeit hat, in einem Besucherzentrum des Unternehmens Chivas Brothers einzukaufen, der kann in den Genuss eines 15-jährigen Glentauchers kommen, der in der kleinen Dreierserie »The Distillery Reserve Collection« neben Glenburgie und Miltonduff abgefüllt wurde und exklusiv dort erhältlich ist. Es ist eine der seltenen Originalabfüllungen. 15-jährig sind auch die drei Single Malt, die kürzlich als Ballantine's Single Malt Scotch Whisky herauskamen. Und dort stehen ebenfalls Glenburgie und Miltonduff dem Glentauchers zur Seite. Ob Chivas Brothers die unpolierten Diamanten ihres Portfolios wohl künftig stärker ins Licht rücken will? Zu gönnen sei es solch wenig beachteten Single Malts wie dem Glentauchers.

Obwohl Glentauchers zu den fleißigen Arbeitstieren von Chivas Brothers gehört und nicht zu besichtigen ist, so wurde hier trotzdem die traditionelle und handwerkliche Produktionsweise bewahrt. Neue Mitarbeiter und Auszubildende des Unternehmens werden deshalb oft für eine gewisse Zeit hier mit der Whiskyproduktion »in Handarbeit« vertraut gemacht und können die ablaufenden Prozesse anschaulich nachvollziehen.

www.scotchwhisky.net/distilleries/glentauchers.htm

35 Highland Park – im Geiste der Wikinger

Die Spuren der Wikinger sind im Norden Schottlands und nicht zuletzt auf den Orkney Inseln unübersehbar. Dass sie Einfluss haben auf den Highland Park Single Malt, den wir heute im Glas haben, ist mehr als unwahrscheinlich, aber das Marketing der Brennerei ist auf diesen historischen Bezug ausgerichtet.

Sie heißen Ragnvald, Valkyrie, Thorfinn oder Voyage of the Raven: Die aktuellen Abfüllungen von Highland Park tragen Namen, die mit der Geschichte und Kultur der Wikinger verbunden sind. Auch die bekannten und klassischen Abfüllungen des 10-, 12- und 18-jährigen Highland Parks wurden untertitelt mit Namenszusätzen und heißen jetzt Viking Scars, Viking Honour, Viking Pride. Das Aussehen der Flaschen wurde geändert. Mit dieser Umstellung des Designs geht aber keine Änderung des Inhalts einher. Der ist geprägt von Honig-, Vanille- und Zitrusaromen und von einer weichen Süße. Der 12-Jährige bringt Orangen und Früchtekuchen ins Spiel, der 18-Jährige dunkle Schokolade, Kirschen und Marzipan. Und dann ist da vor allem der Torfrauch, der über allem liegt.

Rund ein Drittel des benötigten Malzes stellt Highland Park selbst her unter Verwendung von lokalem Torf aus dem Hobbister Moor. Der Rest wird getorft vom schottischen Festland aus Northumberland angeliefert. Der Phenolgehalt im Ausgangsmalz liegt um 20 ppm, womit sich der Highland Park für die Klasse der rauchigen Malts qualifiziert. Beim Lagern setzt Highland Park sowohl auf Bourbon- als auch auf Sherryfässer. Für die meisten Abfüllungen werden Whiskys aus beiden Fassarten in verschiedenen Anteilen kombiniert. Aber es gibt auch Abfüllungen, in denen gezielt nur Bourbon-Fässer eingesetzt werden wie beim Highland Park Full Volume oder nur Portweinfässer wie beim Highland Park Fire.

Sondereditionen sind in aufwendigen, ausdrucksstarken Holzrahmen verpackt. Thor, Freya und die anderen Abfüllungen der Valhalla-Serie kommen in stilisierten Wikingerschiffen daher und Fire und Ice präsentieren sich in hölzernen Bergen.

www.highlandparkwhisky.com

Robbie Drever arbeitet seit 20 Jahre bei Highland Park – auch im Kiln wie hier.
Raue Brandung bei Deerness auf den Orkney Inseln

Gründer und Manager Anthony Wills mit Autorin Petra Milde
Kilchoman verwendet auch lokal angebautes Getreide.

BARLEY GROWING FOR
KILCHOMAN 100% ISLAY

Kilchoman – vom Feld ins Glas

Auf der Insel Islay waren sieben Whiskybrennereien aktiv, als Anthony Wills beschloss, im Westen der Insel eine achte zu bauen. Es war für Islay die erste neue Brennerei seit über 120 Jahren, und die anderen sieben sind alle Big Player der Whiskyszene. Kann ein kleiner Newcomer sich da behaupten und seine Nische finden? Er kann, wie die vergangenen Jahre zeigten, und aus einer Nische ist Kilchoman längst heraus.

Kräftig rauchig, so stellte sich Anthony Wills den Single Malt vor, den er in seiner Brennerei herstellen wollte. Er pachtete das nötige Gelände auf der Rockside Farm und eröffnete Ende 2005 die Kilchoman Distillery. Aus dem Pächter wurde der Besitzer der Rockside Farm und aus dem ersten dreijährigen Release 2009 nunmehr stolze 10-jährige Einzelfassabfüllungen. Produktlinien sind aufgebaut, Kilchoman wird erfolgreich vertrieben und die Brennerei baut an, um die steigende Nachfrage befriedigen zu können. Ob der Whisky so rauchig geworden ist, wie Anthony sich das vorstellte? Ja, das ist er!

Kilchoman Machir Bay und Kilchoman Sanaig sind die beiden Kernprodukte der Brennerei. Zitrusfrüchte, Vanille, Butterscotch und eine lang anhaltende Rauchnote kennzeichnen den Kilchoman Machir Bay, der hauptsächlich aus Bourbonfässern und einer kleinen Menge an Oloroso-Sherry-Fässern gebatcht wird. Beim Kilchoman Sanaig kommen die Sherryfässer deutlich stärker zum Einsatz und versehen ihn zusätzlich mit Aromen süßer Früchte und Toffee. Ausschließlich Whisky aus Oloroso-Sherry-Fässern haben wir im Loch Gorm, der regelmäßig in limitierter Auflage erscheint und ebenso wie auch der 100% Islay eine feste Größe im Produktportfolio der Brennerei ist. Er wird, wie der Name es vermuten lässt, aus Gerste hergestellt, die hier in der direkten Nähe der Brennerei von Farmern für Kilchoman angebaut wird. Auch nach der Inbetriebnahme eines Anfang 2018 neu errichteten Gebäudes mit Mälzboden und Kiln und der Verdoppelung der Produktion auf 400.000 Liter jährlich wird der Anteil des 100% Islay weiterhin 30 % der Gesamtproduktion von Kilchoman betragen.

www.kilchomandistillery.com

37 Lagavulin –
der Feierabendwhisky

Ein Abend im Ledersessel vor dem Kamin – das perfekte Ambiente für einen Lagavulin. Wer keinen Kamin hat und vielleicht auch keinen Ledersessel, sollte nicht verzagen – Abend wird es ja auf jeden Fall … Lagavulin-Zeit!

1816 steht auf jedem Lagavulin-Label. Es ist das Gründungsjahr der Brennerei, die somit stolze 200 Jahre alt ist. Im Jahr 2016 wurde dieses Jubiläum groß gefeiert und auch spezielle Jubiläumsabfüllungen durften nicht fehlen. Der 8-jährige Lagavulin, der aus diesem Anlass herausgegeben wurde, hat es anschließend ins ständige Sortiment geschafft und bleibt uns in den Regalen also zusätzlich zum klassischen Lagavulin 16 Jahre erhalten. Der ist voluminöser, weicher und neben den intensiven Raucharomen, den salzig-jodigen Noten und der trockenen Süße scheinen hier die Sherryfässer durch. Wer es noch trockener und fruchtiger mag und das Aroma von Datteln, Honig, Rosinen und Johannisbeeren, sanft eingebettet in schweren Torfrauch, greift zur jährlich neu aufgelegten Distiller's Edition des Lagavulin, bei der dem 16 Jahre alten Lagavulin ein mehrmonatiges Finish in Pedro-Ximenez-Sherry-Fässern beschert wird. Auch in Diageos alljährlicherscheinender Serie der Special Releases ist Lagavulin vertrauter Dauergast: Hier erscheint er als 12-jährige Abfüllung in Fassstärke aus amerikanischer Eiche.

Berücksichtigt man noch, dass im Jubiläumsjahr zwei weitere Sonderabfüllungen erschienen (ein 25 Jahre alter in Sherryfässern gelagerter Lagavulin in Fassstärke) und eine Einzelfassabfüllung vom Jahrgang 1991, dann hat Diageo damit die Abfüllungen seiner Premiumbrennerei kurzfristig ungewohnt breit aufgestellt. Vermutlich (hoffentlich) aber nur vorübergehend. Bisher ist Lagavulin mit dem Portfolio-Motto »klein aber fein« sehr gut gefahren.

Bei einem Besuch der Brennerei sollte man sich übrigens das Warehouse Tasting nicht entgehen lassen. Lagavulin-Legende Iain MacArthur führt unvergesslich durch sein Reich und präsentiert seine rauchigen Schätze.

---

www.malts.com/en-gb/distilleries/lagavulin

Die Lagavulin-Brennerei liegt an der Südküste der Insel Islay.
Pagodendächer – traditionelle Wahrzeichen schottischer Brennereien

Die Gebäude der Laphroaig Distillery schmiegen sich an den Küstenverlauf an.
Torf ins Feuer zum Trocknen des Malzes – das verleiht dem Laphroaig den Rauchgeschmack.

Laphroaig – einer wie keiner

Laphroaig ist ein Single Malt, der die Lager der Whiskyfans zweiteilt wie kaum ein anderer: Die einen lieben ihn mit jeder Faser ihres Whiskyherzens, die anderen schütteln sich beim Gedanken an sein ganz eigenes Aroma.

Ein phenoliger, jodiger Duft steigt aus dem Glas auf: Seetang, Pflaster, Teer, Zitrusfrüchte, Ingwer, Fischöl, Meersalz – es ist eine ungewöhnliche aromatische Mischung. Ungewöhnlich und irgendwie faszinierend. Dieses ganz eigene Aroma verdankt Laphroaig nicht zuletzt der Tatsache, dass in der Brennerei noch selbst gemälzt wird und die Temperaturen des Torffeuers zum Trocknen des Malzes auf dem Darrboden vergleichsweise niedrig gehalten werden. 15 Stunden wird mit Torfrauch getrocknet, anschließend weitere 19 Stunden mit heißer Luft. Dieses selbst erzeugte Malz, das etwa 20 % des Bedarfs darstellt und eine Phenoligkeit von 40 bis 60 ppm aufweist, wird zur Weiterverarbeitung mit dem hinzugekauften Malz (35 bis 45 ppm) vermischt. Auch beim Brennvorgang zeigt sich die Einzigartigkeit von Laphroaig: Drei Wash Stills mit hohen Hälsen und vier gedrungene Spirits Stills erzeugen einen schweren New Make, der durch einen lang gehaltenen Vorlauf wenig Fruchtigkeit aufweist. Man produziert derzeit mit voller Auslastung und erzeugt 3,3 Millionen Liter Alkohol im Jahr.

▶ **Wer Mitglied im gebührenfreien Fanclub »Friends of Laphroaig« wird, besitzt dadurch zwei Fußbreit Land der Brennerei und darf sich jedes Jahr seine Miete in Form einer Miniaturflasche Laphroaig abholen.**

Das Angebot an Laphroaig-Abfüllungen hat sich in den letzten Jahren deutlich entwickelt und vergrößert. Zu den All-Time-Standards Laphroaig 10 und Quarter Cask haben sich der Lore mit Whisky aus verschiedenen Fassarten und der Select mit Anteilen aller bekannten Laphroaig-Abfüllungen hinzugesellt. Es gibt einen Triple Wood, einen Four Oak, den Brodir mit einem Finish in Portweinfässern, den PX mit einem Finish in Sherryfässern, einen An Cuan Mor, die jährlich erscheinende Special Edition Cairdeas, einen 15-, 18-, 25-, 27-, 30-jährigen und und und … Da bleibt nur eins: Tief durchatmen und dann unbedingt ran an den Rauch!

Keimende Gerste – eine Hand voll mit zukünftigem Malt-Whisky

Longmorn – seltenes Fruchtvergnügen

39

Longmorn ist eine weitere versteckte Perle im Portfolio von Chivas Brothers: Der Konzern nutzt den Whisky hauptsächlich für seine Blends und geizt mit Longmorn als Single-Malt-Abfüllung.

Seit ihrem Gründungsjahr 1894 produziert die Longmorn-Brennerei und produziert und produziert … Im Gegensatz zu allen anderen schottischen Brennereien, die im Laufe ihrer Geschichte längere oder kürzere Zeiten der Stilllegung durchmachten, wurde Longmorn durchgehend betrieben. Besitzerwechsel blieben allerdings auch ihr in dieser Zeit nicht erspart. Seit 2001 ist Longmorn im Besitz von Chivas Brothers und deren Muttergesellschaft Pernod Ricard. Chivas Brothers waren es dann auch, die 1993 mit einem 15-jährigen Longmorn die erste Single-Malt-Abfüllung überhaupt herausbrachten. Ansonsten nutzen sie den ausdrucksstarken Whisky in Blends wie dem Chivas 18 oder dem Seagram's.

Und der sehr fruchtige, weiche und nicht rauchige Whisky mit den intensiven Birnen- und Bananenaromen macht sich sehr gut als Single Malt. So ist es kaum zu verstehen, dass es momentan mit dem Longmorn Distiller's Choice nur eine einzige Originalabfüllung der Brennerei gibt. Aber da sind ja auch noch die unabhängigen Abfüller wie Gordon & MacPhail, Signatory und Wemyss – es lohnt sich, die Augen nach einem Longmorn offen zu halten.

www.longmornbrothers.com

Messetisch mit unterschiedlichsten Flaschen – des Whiskyliebhabers Paradies

40 Longrow – der kräftig-rauchige Bruder

Was macht eine Brennerei, wenn sie das Repertoire ihres bekannten Whiskylabels um eine etwas andere Produktreihe erweitern will? Sie gibt ihr einen eigenen Markennamen. Longrow entsteht in der gleichen Brennerei wie der Springbank-Whisky, aber er ist anders. Wesentlich rauchiger.

Wer ein wenig im Internet sucht nach einer Longrow-Destillerie, der wird sie auch finden: 1824 gegründet, produzierte sie bis 1896 im Örtchen Campbeltown. Allerdings ist sie seither geschlossen, was den Schluss nahe legt, dass der Single Malt, den wir heute als Longrow kaufen können, nicht aus der Longrow Distillery stammt. Er wird in der Springbank Distillery hergestellt, zu derem traditionellen Springbank Single Malt es in diesem Buch auch ein Kapitel gibt. Dort können Sie auch nachlesen, dass die Brennerei ihr Malz selbst herstellt.

▶ **Neben dem Springbank und dem Longrow produziert die Springbank-Brennerei noch eine dritte Linie: Hazelburn, nicht rauchig!**

Dabei bestimmen sie auch den Grad der Rauchigkeit ihres Malzes selbst, der beim Label Springbank bei 12 bis 15 ppm liegt. Hin und wieder aber wird länger getorft und das Malz bekommt einen Phenolgehalt von 50 bis 55 ppm. Das wird dann separat verarbeitet und ergibt den Longrow-Whisky.

Stark rauchig mit Vanillenoten, würzigen und fruchtigen Aromen zeigt sich der Longrow Peated. Das Mundgefühl ist weich und cremig und der Rauch ist allzeit und in jedem Winkel von Gaumen und Rachen präsent. Ergänzend zum klassischen Longrow bringt Springbank in der Reihe Longrow Red limitierte Abfüllungen in Fassstärke heraus, bei denen jeweils unterschiedliche Rotweinfässer zum Finish verwendet werden. Pinot Noir beispielsweise, auch Portwein. Und letztens Malbec-Fässer – Prädikat »unbedingt probieren«.

www.springbankwhisky.com

Longrow 18: der Volljährige der rauchigen Familie

Easter Elchie House: Das historische Landhaus des Macallan-Anwesens ziert jede Macallan-Flasche.

Macallan – let's talk about superlatives

Macallan steht für Qualität und für hochpreisige Premium-Whiskys, steht für Sherryfassreifung und für weltweites Ansehen aber vor allem steht der Name demnächst für absolute Superlative.

Als Macallan 2012 seine neue Produktlinie mit dem Gold, Amber, Sienna und Ruby vorstellte, war das ein aufsehenerregender Schritt. Weg von einer Standardrange mit Altersangabe, dafür hin zur Definition der Abfüllungen über die Farbe des Whiskys? Die neue Linie stieß auf Unverständnis, doch Macallan blieb dabei und die Farbspiele blieben auf dem Markt. Dabei verzichtete Macallan in den letzten Jahren aber nicht auf die Ausgabe diverser Luxusabfüllungen mit hohem Altersgrad, maximaler Limitierung und aufwendiger Verpackung wie handgearbeiteten Glasdekantern. Jetzt zeichnet sich eine Rückkehr der vertrauten Core Range mit den Fine Oaks und Sherry Oaks in diversen Altersstufen ab und die Welt scheint allmählich zum Vertrauten zurückzukehren. Zu Macallan-Whisky, der vor allem von Sherryfässern geprägt ist, seine Altersangabe voller Stolz trägt und von schwerer, vollmundiger Aromatik ist. Dafür ist Macallan berühmt und das erwartet die Welt, die den vielen Single Malt kauft, der hier in der Speyside erzeugt wird. Und es ist schließlich nicht wenig: 11 Millionen Liter Alkohol stellt Macallan gerade jährlich in den beiden Brennhäusern her, in denen insgesamt 21 Brennblasen stehen. Ihre typische kleine, gedrungene Form garantiert den schweren, öligen, fast schwefligen Charakter des Macallan New Make.

Doch Großes zeichnet sich ab auf dem weiträumigen Gelände der Brennerei: Nach Jahren der Planung begannen um den Jahreswechsel 2014/2015 herum gewaltige Erdarbeiten und die Konstruktion neuer Gebäude. Es ist eine komplette, neue Brennerei, die hier entsteht, mit Produktionsräumen, Lagerhäusern, einer Küferei und einem Besucherzentrum. Wenn die neue Macallan-Brennerei demnächst fertig ist, hat sie eine jährliche Kapazität von 15 Millionen Litern Alkohol, die von 36 neuen Brennblasen erzeugt werden.

Superlative sind angesagt. Nach dem Platz Nummer 1 als prestigeträchtigster schottischer Single Malt ist Macallan dann auch Platz Nummer 1 als größter schottischer Whiskyproduzent sicher.

42 Mortlach – 2,8-mal destilliert

Es sind oft die kleinen Besonderheiten, die für das gewissen Extra sorgen. Bei Mortlach ist es eine kleine Brennblase, die als »Wee Witchie« bekannt ist – als »kleine Hexe«.

Obwohl Mortlach bereits 1823 gegründet wurde, gibt es über die ersten dreißig Jahre der Brennerei nicht viel Nennenswertes zu berichten – außer, dass sie die erste in Dufftown war und dass sich die Besitzer in dieser Anfangszeit die Klinke in die Hand gaben. Erst als George Cowie 1853 in das Unternehmen eintrat und sein Sohn Alexander ihm später folgte, wendete sich das Blatt und Mortlach wurde zu einer erfolgreichen Whiskybrennerei. Unter Alexander wurde der Ausstoß der Brennerei durch die Aufstockung der Brennblasen von drei auf sechs erhöht und der findige Ingenieur führte das einzigartige Brennverfahren ein, mit dem Mortlach auch heute noch arbeitet:

Die destillierten Low Wines aus der Wash Still No. 3 werden wie gewohnt zur Destillation in Spirit Still No. 3 geleitet. Die Low Wines aus den Wash Stills No. 1 und No. 2 jedoch fließen zu je 80 % in Spirit Still No. 2 zum Feinbrand. Die restlichen 20 % jeder dieser beiden Wash Stills jedoch werden in der dritten Spirit Still, der etwas kleineren »Wee Witchie« dreimal destilliert. Findige Köpfe errechnen als Result aus dieser besonderen Brennkonstellation, dass der New Make von Mortlach im Schnitt 2,81-mal gebrannt wurde.

Das Brennverfahren von Mortlach macht sich nicht nur in Zahlenspielen, sondern auch im geschmacklichen Resultat bemerkbar: »The Wee Witchie« und die Tatsache, dass hier sehr schnell destilliert und schnell abgekühlt wird, geben dem New Make von Mortlach eine besonders fleischige, schwere Note. Das macht den Whisky zu einem begehrten Produkt für die Blendindustrie. Es gab im Laufe von Mortlachs Geschichte nur wenige Single-Malt-Abfüllungen. Heute hat der Besitzer Diageo den Mortlach Rare Old ohne Altersangabe, den Mortlach 18 Jahre und den Mortlach 25 Jahre im Angebot. Zusätzlich bereichern diverse Abfüllungen unabhängiger Abfüller die Mortlach-Palette.

www.mortlach.com

Die Mortlach Distillery gehört zum Unternehmen Diageo.
Leider ist die Brennerei nicht für Besucher geöffnet.

Blick auf das Loch Indaal mit dem Port Charlotte Lighthouse
Torf ist der Lieferant des rauchigen Octomore-Aromas.

Octomore – Rauch in Höchstform

Wenn sich ein Single Malt mit einem Superlativ schmücken kann, dann ist das meist eine reine Marketinggeschichte. Beim Octomore ist dieser Superlativ geschmacksentscheidend: Er ist der am stärksten getorfte Whisky der Welt.

In der Brennerei Bruichladdich auf der Insel Islay wird neben der nicht rauchigen Linie auch parallel stark getorfter Whisky produziert. Im kräftig rauchigen, aber im noch »normalen« Bereich bewegen sich die Port-Charlotte-Abfüllungen, während der Octomore von einer unglaublichen Rauchigkeit ist. Er erscheint limitiert in Fassstärke in verschiedenen Editionen und wird in kleinen Batches produziert. Die Nummerierung ähnelt denen von Softwareprogrammen mit ihren unterschiedlichen Haupt- und Unterversionsnummern. Von Version zu Version verändert sich das Alter des Whiskys, die Art des Fassausbaus des Octomore oder des verwendeten Malzes und/oder der Phenolgehalt. Der erste Octomore erschien 2008 als 1.1 mit 131 ppm, der rauchigste war (bisher) der Octomore Masterclass 8.3 Islay Barley mit 309 ppm. Übrigens zieht sich die Verwendung von Islay Barley, also lokal auf der Insel angebauter Gerste, für die 3. Unterversion durch alle Editionen hindurch. Bei den anderen Versionen ist zumindest die Produktion aus rein schottischem Getreide garantiert. Und damit man beim Fachsimpeln über den Octomore nicht nur mit Zahlen um sich werfen muss, erhalten die Editionsreihen auch einen Namen. »Orpheus«, »Comus« oder »Masterclass« – die Progressive Hebredian Distillers von Bruichladdich zeigen sich einfallsreich.

> ▶ **Um vom Octomore nicht erschlagen zu werden, empfiehlt es sich, die Sensorik vorher mit einem etwas weniger getorften Whisky auf die kommende Rauchbombe einzustimmen …**

Die Auswahl der Fässer durch Master Distiller Jim McEwan, der den Octomore kreierte, und seinen Nachfolger Adam Hannet präsentiert eine bunte Vielfalt an Octomores mit Reifung in Bourbon-, Rotwein- oder Weißweinfässern oder auch mal in frischer Eiche. Allen gemein ist aber der ungemein rauchige Grundcharakter.

www.bruichladdich.com/octomore

44 Royal Lochnagar – königlich!

Royal Lochnagar liegt nur einen Katzensprung entfernt von der königlichen Sommerresidenz Schloss Balmoral in den Highlands. Das »Royal« im Namen darf sie seit dem Besuch von Queen Victoria im Jahr 1848 tragen, die beeindruckt war vom Whisky und die Brennerei in den Stand eines königlichen Hoflieferanten erhob.

Die Brennerei ist die kleinste im Besitz des Spirituosenunternehmens Diageo, aber nur, was das Produktionsvolumen von 500.000 Litern jährlich angeht. Im Geschmack ihres Single Malt gehört sie zu den ganz Großen. Weich und aromatisch, malzig, fruchtig-süß, leicht karamellig – Royal Lochnagar kann mit der 12-jährigen Standardabfüllung einen Single Malt zu einem so ausgezeichneten Preis-Leistungs-Verhältnis liefern, dass man sich wundern muss, wieso er nicht viel mehr Beachtung bekommt . Aber am besten, wir verhalten uns still und vermeiden, einen Hype auszulösen …

Neben diesem Royal Lochnagar 12 Jahre, der 2006 zur Classic Malts Collection von Diageo gefunden hat, ist auch eine Distiller's Edition erhältlich, bei dem der Whisky ein Finish in Muskateller-Fässern erhält.

Im Gegensatz zu vielen anderen schottischen Brennereien füllt Royal Lochnagar die gesamte Produktion auf dem Brennereigelände selbst in Fässer ab, bevor sie hier ins eigene Lagerhaus oder ein zentrales Diageo-Lagerhaus in Glenlossie gebracht werden.

Die Verbundenheit der Brennerei mit der königlichen Familie, die einst mit Queen Victorias Begeisterung für den Whisky und dessen »Ritterschlag« begann, hält bis heute an. So wurden beispielsweise die Fässer für die Sonderabfüllung »Diamond Jubilee Blended Scotch Whisky« zu Ehren des 60-jährigen Thronjubiläums von Queen Elisabeth vor dem Abfüllen hier in Royal Lochnagar gelagert.

In der Brennerei Royal Lochnagar wird übrigens nicht nur Whisky produziert, sondern auch geschult: Die Brennerei wird vom Unternehmen Diageo als Trainingscenter für Mitarbeiter genutzt.

www.malts.com/en-gb/distilleries/royal-lochnagar

ROYAL LOCHNAGAR DISTILLERY

· **DISTILLERY OPENING TIMES** ·

April to October _____
Monday – Saturday, 10 a.m. – 5 p.m.
Sunday, 12 noon – 5 p.m. _____

~ ∞ ⊙ ∞ ~

There are tours throughout the day
and always a tour on the hour.
—— Last tour 4 p.m. ——

Royal Lochnagar: Königliches Blau lädt ein zum Besuch.
Die Brennerei liegt im Herzen der Highlands unweit vom Schloss Balmoral.

45 Springbank – mit eigenem Rauch aus Campbeltown

Die relativ kleine Brennerei unten auf der Halbinsel Kintyre geht ihren ganz eigenen Weg. Der Single Malt von Springbank ist kein Produkt einer auf Masse angelegten Whiskyproduktion, sondern das Ergebnis eines von Anfang bis zum Schluss selbst in der Brennerei durchgeführten handwerklichen Prozesses.

»Verlass dich auf niemanden als auf dich selbst«, so könnte das Motto von Springbank lauten, denn genau so wird in der Brennerei im Örtchen Campbeltown gearbeitet. Man mälzt seit 1992 wieder selbst auf eigenen Mälzböden. Nicht nur einen Teil des Getreides, wie es einige andere schottische Brennereien noch tun, sondern den gesamten Bedarf. Neben der kompletten Produktion erfolgt auf dem Gelände auch die Lagerung und Abfüllung. Vorangegangen waren schwere wirtschaftliche Zeiten, die den meisten der zahlreichen Brennereien in Campbeltown den Garaus machten. Auch Springbank war von 1979 bis 1987 geschlossen. Man besann sich auf sich selbst, auf die eigene Kraft und die der Leute hier im Städtchen, die froh sind über die vielen Arbeitsplätze, die ihnen die Brennerei an diesem nicht unbedingt boomenden Ort seit der Wiedereröffnung wieder bietet.

Springbank-Whisky ist rauchig, aber dieser Rauch erschlägt einen nicht. Rund 12 bis 15 ppm Phenolgehalt sorgen früh eine harmonische rauchige Grundnote, die von den fruchtig-frischen Aromen des Springbanks und angenehmer Süße getragen wird. Bei Springbank wird der Maische eine sehr lange Vergärungszeit von 110 Stunden gegönnt, sodass sie sehr fruchtige, feine Aromen entwickeln kann. In diversen unterschiedlichen Fassreifungen und Altersstufen kommt Springbank Single Malt auf den Markt, ausschließlich nur noch als Originalabfüllung vom Hersteller selbst – seit 1987 wird nichts mehr an unabhängige Abfüller verkauft.

Wer stärker getorften Whisky bevorzugt, für den hat Springbank die Produktlinie Longrow mit 50 bis 55 ppm entwickelt, wer es ganz nicht rauchig will, greift zum dritten Label, dem Hazelburn.

www.springbankwhisky.com

Auf ständige Qualitätskontrolle legt man bei Springbank großen Wert.
Die Menge des Torfs im Feuer bestimmt die Rauchigkeit des Malzes.

Auf dem Hof von Springbank lagern leere Fässer.
Springbank ist eine der wenigen Brennereien, die noch eigene Mälzböden betreibt.

Kleine Galerie mit Flaschenlabels
Im Spirit Safe werden Vorlauf, Herzstück und Nachlauf der Destillation getrennt.

Eine Brennerei wie aus einem Märchenbuch
Der 12-jährige Strathisla ist der klassische Vertreter der Brennerei.

Strathisla – aromatische Schönheit

Aus dem »Home of Chivas«, wie die Brennerei Strathisla sich selbst stolz nennt, kommt nicht nur das Herzstück für den berühmten schottischen Blend, sondern auch ein Single Malt. Der mag nicht ganz so berühmt sein wie der Chivas Regal, aber in Sachen Aroma kann er locker mithalten.

Mit dem Strathisla 12 Jahre stellt sich die Brennerei vor. Samtweich, mit leichter Süße, floralen wie fruchtigen Noten zugleich, und trotzdem mit einer angenehmen Schwere. Es ist ein »hübscher« Single Malt, soweit man bei Aromen von hübsch sprechen kann. Beim Äußeren der Brennerei kann man es ganz sicher: Wie ein kleines pittoreskes Anwesen aus einem Märchenfilm präsentiert sie sich, und wenn man sie in der Speyside in der Nähe von Keith besucht, sieht man pausenlos Touristen, die begeistert Fotos schießen. Na ja – man macht es selbst auch nicht anders …

Wie so oft, wenn ein Konzern – in diesem Fall Chivas Brothers/Pernod Ricard – einen Whisky verstärkt in Blends einsetzt und selbst nur wenig davon als Single Malt herausbringt, schlägt die Stunde der unabhängigen Abfüller: Wer nach Strathisla Single Malt sucht, wird auf jeden Fall bei Gordon & MacPhail fündig werden. Von jungen Abfüllungen in Trinkstärke bis zu beeindruckenden alten Einzelfassabfüllungen in Fassstärke reicht das Repertoire. Immer sind Früchte aromatisch in vorderster Reihe zu finden, und um Rauch braucht man sich hier bei Strathisla nicht zu sorgen. Den überlässt man anderen und konzentriert sich auf sein würziges Aromenbild, dem übrigens eine Reifung in Sherryfässern sehr guttut.

Als Originalabfüllung begnügt sich die Brennerei mit dem bereits erwähnten Strathisla 12 Jahre. Jedenfalls, was den breiten Markt und den Verkauf im Handel angeht. Im eigenen Besuchershop von Chivas kann man aber in der Distillery Reserve Collection auch einen 17 Jahre und einen 25 Jahre alten Strathisla erwerben. »Straight from the cask« in Fassstärke und in kleinen Batches herausgegeben – für so manchen ein Grund, immer wieder einmal bei Strathisla vorbeizuschauen.

www.chivas.com/en/the-story/strathisla

Talisker – leichter Rauch an blauem Himmel

Talisker ist in einer der schönsten Ecken der Welt zu Hause – wenn man den Fans der Insel Skye glauben darf. Von dort aus trat er 1988 seinen Siegeszug um die Welt an und hat es bereits auf die Top-10-Liste der meistverkauften Single Malts gebracht.

Auch vor 1988 wurde in der Talisker-Destillerie in Carbost bereits Whisky hergestellt. 1830 gegründet, erlebte die Brennerei etliche Besitzerwechsel und wurde von einem verheerenden Feuer heimgesucht. Doch sie überstand alle Krisen, und das Unternehmen Diageo brachte den Talisker schließlich auf einen Kurs, der ihn weg vom »nur für Blends« hin zum erfolgreichen Single Malt führte. Die Initialzündung kam mit der Aufnahme des Talisker 10 Jahre in die Classic Malts, die Diageo 1988 herausbrachte. Je einer von sechs Single Malts wurde als Stellvertreter einer schottischen Whiskyregion vorgestellt, wobei Talisker die Insel Skye repräsentiert – als (bis vor kurzem) einzige Brennerei der Insel. Mit der Definition dieser Whiskyregionen folgte Diageo keinen offiziellen regionalen Einteilungen, sondern setzte eigene Maßstäbe, was vor allem dem Talisker sehr entgegenkam.

Talisker fällt in die Kategorie »rauchige Whiskys«, ist aber deutlich weniger getorft als seine rauchigen Whiskybrüder von Islay. Rund 20 ppm Phenolgehalt im Ausgangsmalz machen den Talisker aber zu einem guten Türöffner in die Welt des Rauches. Die aromatische Besonderheit des Talisker ist seine meist als »Chili Catch« bezeichnete würzige Schärfe. Auch von Salz und Pfeffer ist in Tastingnotes häufig die Rede, von einer maritimen Note.

Neben dem klassischen Talisker 10, dem Talisker 57° North mit seinen 57 % vol, der Distiller's Edition mit einem Amoroso Sherry Finish und 18-, 25- und 30-Jahre-Abfüllungen umfasst das Portfolio seit einiger Zeit auch die Range des Storm, Skye und Port Ruighe ohne Altersangabe, die im Einzelhandel bevorzugt beworben werden. Vor allem der Port Ruighe mit seinem Finish in Portweinfässern macht dabei eine gute Figur und verbindet die für den Talisker typischen Rauch- und Pfeffer/Salzaromen sehr schön mit süßer Fruchtigkeit.

www.malts.com/en-row/distilleries/talisker

Die Talisker Distillery liegt auf der wasserreichen Insel Skye.

48 Tamdhu – stille Wasser und Sherryfässer

Manchmal versteht man nicht so recht, warum die einen Whiskys immer im Fokus stehen und jeder ihren Namen kennt, andere dagegen kaum beachtet werden, obwohl sie doch aromatisch mindestens genauso viel zu bieten haben. Tamdhu Single Malt gehört zu letzteren.

Schon von Anfang an hatte Tamdhu keinen leichten Stand. Gegründet 1896, als Whiskys gerade hohe Nachfrage verzeichneten, begann bereits 1911 eine Zeit von Stilllegung, Wiedereröffnung und Stilllegung. Neben der hauptsächlichen Nutzung in der Blendindustrie machte das Erscheinen vereinzelter Single-Malt-Ausgaben von Tamdhu ab 1976 Hoffnung auf dauerhafte Etablierung des Labels am Markt, aber 2009 schloss der Besitzer, die Edrington Group, Tamdhu wieder. Mit dem überraschenden Verkauf der Brennerei an Ian Macleod Distillers 2011 gab es wieder Licht am Horizont für die Fans des Tamdhu Single Malt, die sich bisher vor allem an Ausgaben unabhängiger Abfüller hielten. Seither wurden mit dem Tamdhu 10 Jahre und dem Tamdhu Batch Strength zwei dauerhafte Editionen geschaffen. Beide setzen auf das, was den Tamdhu ausmacht und seine weichen und vollfruchtigen Aromen bestens ins Licht setzt: auf Reifung in Sherryfässern.

www.tamdhu.com

Eugene Shiels, Distillery Operator, bei der Pflege der Washbacks.

Die alte Bahnstation diente früher als Besucherzentrum der Brennerei.
Whiskyproduktion ist Teamarbeit – auch bei Tamdhu.

Tobermory – im Aufwind begriffen

Der Single Malt trägt den Namen der Brennerei, die ihn herstellt. Das ist im Prinzip nichts besonderes, doch wird hier in der Brennerei auch der Ledaig hergestellt, der rauchige Bruder des nicht getorften Tobermory. Zu dieser klaren Trennung bei der Namensgebung der beiden Single-Malt-Charaktere entschied man sich erst vor einigen Jahren. Bis dahin wechselte der Name des Whiskys und der Brennerei zwischen Tobermory und Ledaig im Laufe der Geschichte.

Die Tobermory-Brennerei auf der Insel Mull gehört zu jenen, bei denen Konstanz rar war. Die Besitzer wechselten seit 1798 mehrfach, es gab Produktionszeiten mit unterschiedlichen Namen, es gab Blended Whisky, Vatted Malt – bis 1993 Burn Stewart Distillers Tobermory kauften und das Portfolio ordneten und begannen, zuverlässig Whisky zu produzieren. Eine Zusammenarbeit mit der südafrikanischen Distel-Gruppe gipfelte 2013 in der Übernahme von Tobermory und den anderen beiden Burn-Stewart-Brennereien Bunnahabhain und Deanston. Das Großunternehmen zielt auf weitere Stärkung der Marke Tobermory am internationalen Markt und hat die Brennerei im Juni 2017 für eine etwa zweijährige Komplettrenovierung geschlossen. Wieder gibt es also einen Produktionsstopp, doch nicht aus der Not heraus, sondern, damit es mit dem Tobermory Single Malt verstärkt weitergehen kann. Übrigens auch mit der Parallelmarke der Brennerei, die zu gleichen Teilen hier hergestellt wird, dem stark rauchigen Ledaig.

Trotz der Renovierungspause wird weiter Whisky abgefüllt und verkauft. Der Tobermory 10 Jahre ist dabei das Herzstück der Marke. Frische fruchtige und florale Aromen, Toffee und Ingwer und auch maritime, leicht salzige Noten kennzeichnen ihn. Eine spezielle Serie mit sechs Abfüllungen soll die Zeit der Schließung überbrücken helfen. In verschiedenen Altersstufen und mit verschiedenen Fassreifungen und Charakterzügen geben die Single Malts dieser Raritätenserie im Regal durch die farbliche Gestaltung der Verpackungen ein buntes Bild ab – so bunt die wie die berühmten Häuserreihe am Hafen von Tobermory, unweit der Brennerei.

www.tobermorydistillery.com

Die berühmten bunten Häuser am Hafen von Tobermory
Der Regen von heute ist der Whisky von morgen, sagt man.

50 Tullibardine – französischer Wind in den Highlands

Am Anfang der Whiskyproduktion steht die Herstellung eines Bieres. Dass auf dem Gelände einer früheren Bierbrauerei in Blackford jetzt eine Whiskydestillerie arbeitet, ist deshalb ein netter Aufhänger für Marketingerzählungen.

1488 hielt König James IV auf einer Reise hier an, kaufte etwas Blackford Ale und war so begeistert, dass er die Brauerei zum königlichen Hoflieferanten erklärte. Diese ehrwürdige Brauerei ist allerdings längst Geschichte. Im Jahr 1949 entstand hier die Tullibardine-Brennerei. Trotz ihrer Jugend hat sie bereits diverse Besitzerwechsel gesehen und gehört seit 2011 unter das große Dach des französischen Wein- und Spirituosenunternehmens Picard. Der investierte kräftig in die Brennerei, neue Lagerhäuser, eine Abfüllanlage und in ein Besucherzentrum. Man überarbeitete das Portfolio und brachte 2013 eine neue Standard-Range heraus. Die Single Malts tragen keine Altersangabe, sondern setzen den Fokus auf die unterschiedlichen Fässer, in denen sie über einen Zeitraum von 12 Monaten gefinisht wurden: Tullibardine 228 Burgundy Finish, 225 Sauternes Finish und 500 Sherry Finish. Wer sich fragt, wofür wohl die Zahlen stehen: Es sind die Größen der Finishfässer in Litern. Vom Stil her ist Tullibardine-Whisky blumig, nussig und getreidig mit leicht öligem Charakter, doch die Weinfässer drücken ihm ihren jeweiligen eigenen Stempel auf. Daneben erschienen auch 20- und 25-jährige Editionen, einige Vintages und Abfüllungen in der Custodian's und der Marquess Collection.

www.tullibardine.com

Seit 1488 ist Tullibardinge königlicher Hoflieferant / Gefüllte Brennblase

Zwei Paar Brennblasen arbeiten bei Tullibardine.

Wolfburn – eine Legende lebt neu

Die junge schottische Wolfburn-Brennerei kann sich den Titel »nördlichste Brennerei auf dem schottischen Festland« auf ihre Fahnen schreiben. Das Whiskybrennen ist hier oben in Thurso aber nicht so neu wie die seit Januar 2013 produzierende Destillerie: Unweit des heutigen Standortes gab es im 19. Jahrhundert bereits schon einmal eine Wolfburn-Brennerei.

Mit der historischen Brennerei hat die junge Wolfburn Distillery bis auf den Namen nur noch eine zweite Sache gemeinsam: Der Wolf Burn war damals Wasserquelle für die Whiskyproduktion, wie er es auch heute ist. Diese geschieht nun in den modernen, großen Gebäuden, die eine jährliche Produktionskapazität von 135.000 Litern bieten. Sie ist wahrlich kein Riese, die Wolfburn-Brennerei, aber die bisher erschienenen jungen Abfüllungen lassen Großes erwartet, und es lohnt sich sicher, die Entwicklung der Wolfburn Whiskys zu beobachten.

Der meiste Whisky, der hier entsteht, ist nicht rauchig, auch wenn die Erstausgabe es hatte vermuten lassen: Die hatte ein leicht rauchiges Profil, was allerdings nicht dem verwendeten Malz, sondern ausschließlich den Fässern geschuldet war, in denen er lagerte und deren Vorbelegung mit getorftem Islay Whisky sich bemerkbar machte. Heute gibt Wolfburn drei ständige Abfüllungen heraus: Northland, in jenen schon erwähnten Islay-Fässern gelagerter Whisky mit der leichten Rauchnote, der international vielfach ausgezeichnet wurde. Aurora, gelagert in amerikanischen Eichenfässern und einem Teil Sherryfässern und nichtrauchig im Geschmack. Und Wolfburn Morven, der aus leicht getorftem Malz produziert wird.

Der Wolf im Logo der Brennerei ist übrigens kein normaler Wolf, auch wenn diese Tiere im 16. Jahrhundert hier oben im Norden Schottlands kein seltener Anblick waren. Der alte Holzschnitt aus jener Zeit, dem der Wolfburn-Wolf entnommen wurde, stellt einen mythologischen Seewolf dar, der Legenden zufolge zu Lande und auf See leben konnte. Es heißt, wer einen Seewolf zu Gesicht bekam, dem war Glück beschieden – schauen wir also öfter einmal gen Thurso!

Shane Fraser und Iain Kerr beim Befüllen von Fässern
Der Spirit Safe von Wolfburn hat einen Arbeitsplatz mit schöner Aussicht.

52 Cotswolds – verheißungsvoller Newcomer

Die Brennerei in der englischen Region Cotswolds ist das Herzensprojekt des gebürtigen Amerikaners und Wahl-Engländers Dan Szor. Als er vor einigen Jahren Jim McEwan, damals Master Distiller von Bruichladdich, von seinem Traum erzählte, Whisky zu brennen, da meinte der: »Dann tu es doch einfach.« Und so marschierte Szor los, suchte und fand den passenden Flecken für seine Brennerei, arbeitete sich durch alle Formalitäten, plante und baute. Im September 2014 nahmen die beiden Forsyths-Brennblasen zum ersten Mal die Arbeit auf. Parallel produzierte man auf einer deutschen Holstein-Brennblase Gin, und dieser fand innerhalb kurzer Zeit viele Fans und das Label Cotswolds war schon international bekannt, als im September 2017 die erste Abfüllung des Single Malt mit einer Limitierung auf 4000 Flaschen herauskam.

Dieser Cotswolds Single Malt, von dem bereits das dritte Batch auf dem Markt ist, setzt sich zusammen aus 30 % Whisky aus Bourbonfässern und 70 % Whisky aus Rotweinfässern, und das soll auch der Stil der Standardabfüllung bleiben: würzig, mit Aromen von Orangen und Beeren, Honig, Marzipan, Malz, Ingwer und Eichennoten. Es ist ein verheißungsvoller Start, der gespannt macht auf die weitere Entwicklung des Cotswolds-Whiskys.

www.glenmoray.com

Die neue englische Brennerei liegt im Herzen der Region Cotswolds.

The English Whisky Company – Whisky kapitelweise

In England gibt es viele Destillerien, denn schließlich ist der Gin aus der Kultur des Landes ebenso wenig wegzudenken wie der Tee. Auch Whisky wird hier getrunken, aber selbst hergestellt wurde er in England seit mehr als 100 Jahren nicht mehr. Das überließ man den Brennereien in Schottland und Irland. 2006 änderte sich das, denn James und Andrew Nelstrop beschlossen, die Zeit sei wieder reif für englischen Whisky. Sie gründeten die English Whisky Company und begannen 2006 in der Nähe von Thetford in Norfolk mit der Produktion in ihrer St. George's Distillery.

Sie wollten die Geschichte der Entwicklung ihres Whiskys erzählen und begannen schon bald mit dem ersten Kapitel: Chapter 1 bis Chapter 4 waren Abfüllungen des reifenden Destillates. Im Dezember 2009 erschien mit Chapter 5 der erste Whisky, 2015 kam mit Chapter 17 der bisher letzte Chapter Single Malt auf den Markt. Es ist keine gradlinige, eindimensionale Erzählung, die wir hier erleben. Weder kommen die Malts in regelmäßigen Abständen heraus, noch bieten sie immer den gleichen Charakter. Mal ist es nicht rauchiger Single Malt, mal ein getorfter. Chapter 17 ist der erste dreifach destillierte Whisky des Unternehmens und wurde siebenjährig abgefüllt.

Ein Unternehmen, das sich international etablieren möchte, braucht aber auch irgendwann Konstanz. So wurde 2013 die Black Range etabliert, in der mit dem Classic die nicht rauchige Linie der Brennerei und mit dem Peated die rauchige vertreten ist. Es sind leichte Single-Malt-Getreidenoten, Vanille, Honig und Holznoten. Fruchtig, nussig und recht frisch. Beim Peated kommen Aromen von Schinkenrauch hinzu, Pfeffer und Ingwer.

www.englishwhisky.co.uk

54 Penderyn – besondere Brennblase, feinstes Destillat

Jede Brennerei ist ein wenig anders als die andere, doch Penderyn ist sehr anderes. Hier arbeitet eine speziell für die walisische Brennerei entwickelte Brennblase. Deren Ergebnis ist ein ausgesprochen feiner und reiner Brand. Und der wird zu einem sehr feinen, fruchtigen Single Malt.

Wales ist nicht unbedingt als Whiskynation bekannt. Wenn auch Ende des 19. Jahrhunderts in der Nähe einmal für zwei Jahre eine Whiskybrennerei existierte, so kann man doch durchaus der Penderyn-Brennerei im gleichnamigen Örtchen am Rande des Nationalparks Brecon Beacons attestieren, Wales auf die interatonale Whiskykarte gebracht zu haben. Hier wird seit dem Jahr 2000 Whisky produziert und bis vor kurzem konnte man sich »einzige Whiskybrennerei in Wales« nennen.

Die Penderyn Single Malts sind sehr rein und zeigen eine feine Fruchtnote. Man arbeitet mit nicht getorftem Malz. In den Lagerhäusern finden sich sehr viele Madeira-Weinfässern, von denen die klassischen Abfüllungen der Brennerei hauptsächlich geprägt werden – etwa der Penderyn Madeira Finish oder der Legend. Abfüllungen wie der Fine Oak und der Bryn Terfel zeigen aber, dass Penderyn sich auch wunderbar in Bourbonfässern entwickelt. Zudem kommen Sherry- oder Portweinfässer ergänzend zum Einsatz und sorgen für Varianz. Der weiche Grundcharakter des Penderyn mit seiner sehr feinen Fruchnote bleibt dabei immer erhalten.

Das feine und reine Aroma ist einem einzigartigen Brennverfahren zu verdanken, das von David Faraday speziell für Penderyn entwickelt wurde: Die beiden Faraday-Brennblasen, die im Produktionsraum ihren Dienst tun, sind eine Kombination von Pot-Still- und Kolonnenbrennverfahren, bei dem ein äußerst hochkonzentrierter und reiner Alkohol gewonnen wird.

Mittlerweile wurden aber auch zwei klassische Pot Stills installiert, mit denen zunächste noch experimentiert wird. Der Single Malt, der derzeitig von Penderyn auf dem Markt ist, kommt durchweg aus den Faraday-Brennblasen. In Zukunft ist aber wohl durchaus mit einer geschmacklichen Ausweitung des Penderyn-Angebotes zu rechnen.

Die Penderyn Distillery präsentiert sich in einem schwarz verkleideten Flachbau.
Am Rande des Nationalparks Brecon Beacons: Wasser für guten Whisky

55 Connemara – Irland kann auch rauchig

Whiskey aus Irland ist fein, rein und nicht rauchig? Im Prinzip ja, aber …

Das Label Connemara gehört zum Unternehmen Beam Suntory, hergestellt wird der Whiskey in der Cooley Distillery. Die Freunde des irischen Whiskeys schwärmen vor allem von seiner großen Fruchtigkeit, seiner Weichheit und Reinheit. Von Rauch hört man da so gut wie nie. Aber wer lässt sich schon gerne in starre Schubladen pressen? Irland jedenfalls nicht und so bietet das Land mit dem Connemara Single Malt Whiskey einen perfekten Konter: Die-

ser Whiskey kann es in seiner Rauchigkeit gut und gerne mit den einschlägigen schottischen Inselwhiskys aufnehmen.

Der Rauch ist nicht das einzige, was den Connemara Peated Single Malt Irish Whiskey von den meisten anderen irischen Whiskeys unterscheidet, sondern auch seine Eigenschaft »Single Malt«. Man trifft in Irland zumeist Blended Whiskey an. Doppelt destilliert wurde der Connemara und der Torfrauch ist am Gaumen deutlich präsent. Vanille, Honigsüße, leichte Frucht und ein angenehmes, leicht öliges Mundgefühl prägen ihn. Der Connemara Original wird ohne Altersangabe herausgebracht. In der am meisten verbreiteten Variante hat er 40 % vol, es gibt ihn aber auch in Fassstärke. Ebenso ist dieser Ire auch in verschiedenen Ausführungen mit Altersangabe erhältlich und zeigt sich beispielsweise mit 12 oder 22 Jahren mit harmonisch eingebundenem Rauch. Auch Freunde intensiv-fruchtiger Noten werden beim rauchigen Connemara fündig: Die Distillers Edition erhielt ein Finish in Sherryfässern.

www.kilbeggandistillingcompany.com

Irische Landschaft voll faszinierendem Wasserreichtum, der Grundlage jeder Whisk(e)yproduktion

Die Teeling Distillery liegt im Herzen Dublins.
Gute Sache: Die Brennerei bietet auch Führungen an.

Teeling – ehrwürdiger Name, alter Whiskey, neuer Erfolg

Der Name Teeling hat Klang und Gewicht in der irischen Whiskey-szene. Der Teeling Single Malt Whiskey, den wir heute im Handel finden, ist noch ein recht junges Label, doch dahinter steht eine lange Familientradition.

Die Geschichte des Teeling-Whiskeys reicht bis ins Jahr 1782 zurück. Walter Teeling gründete damals in Dublin eine Whiskeybrennerei, die lange Zeit eine der Triebfedern des irischen Whiskeybooms war. Nahezu 40 Brennereien gab es zur Glanzzeit des irischen Whiskeys in Dublin, doch nach dem Hoch kam das Tief und nach der Prohibition gab es dort keine einzige mehr. Die Brenntradition wurde aber in der Familie bewahrt und John Cooley eröffnete 1982 die Cooley Brennerei in Riverstown, die im Januar 2012 von Jim Beam übernommen wurde. Ein großer Teil des Fassbestandes gehörte allerdings nicht zum Geschäft und verblieb im Besitz der Teelings. Diesen Whiskey vermarktet die Teeling Whiskey Company jetzt sehr erfolgreich und trägt damit wesentlich zur Renaissance des irischen Whiskeys bei.

Neben dem Blended Irish Whiskey und Single Grain ist auch Single Malt fest im Teeling Portfolio verankert. Herzstück dabei ist eine Abfüllung, die ganz einfach Teeling Single Malt Whiskey heißt und die in kleinen Batches ohne Altersangabe herausgebracht wird. Der dafür verwendete Whiskey wurde in fünf verschiedenen Fasssorten gefinisht. Er bietet ein sehr komplexes Aroma von Fruchtnoten wie Pfirsich, Birne, Melone und Zitrusfrüchten. Vanille, Würznoten von Ingwer, Nelken und Pfeffer geben starken Ausdruck und ein geschmeidiges, weiches Mundgefühl stellt sich ein.

Gerade startete das Unternehmen eine Reihe limitierter Single-Malt-Editionen, die unter dem Namen Brabazon auf den Markt kommen. Die erste Edition wurde gebatcht aus Oloroso- und Pedro-Ximenez-Sherry-Fässern und präsentiert wunderbare Sherrytöne, Toffee, Karamell, Ananas, Vanille und geröstete Nüsse. Der Teeling-Whiskey hat mit der Eröffnung der neuen Teeling Distillery in Dublin im Jahr 2015 übrigens ein neues Zuhause für ihr Label geschaffen. Nicht mehr lang also und wir bekommen wieder Whiskey, der dort gebrannt wurde, wo einst die Teeling-Geschichte begann.

www.teelingwhiskey.com

West Cork –
Raketenwissenschaft?

Viele Brennereien behaupten von sich, dass sie anders sind. West Cork ist anders. Destilliert anders.

Im Örtchen Skibbereen an der Südspitze Irlands haben West Cork Distillers ihr Quartier aufgeschlagen. Ein Blick in die Produktionshalle verrät den Erfindergeist des jungen Unternehmens, das John O'Connell 2003 mit seinen Partnern Denis und Ger McCarthy aus der Taufe hob. Hier wird dreifach destilliert, um einen sehr feinen, reinen und fruchtigen Alkohol zu gewinnen. Doch nicht mit herkömmlichen Brennblasen geht man an die Arbeit, sondern mit einem abenteuerlichen, selbstgebauten Unikum »The Rocket« als Wash Still, mit zwei Intermediate Stills und zwei Holstein-Brennblasen mit aufgesetzten Kolonnen zum Feinbrand. 3,5 Millionen Liter jährlich sind das derzeitige Ziel und die fertigen Produkte werden bereits in 30 Länder exportiert.

▶ **Kennen Sie die irische Folk-Punk-Band »The Pogues«? West Cork hat ihr einen gleichnamigen Whiskey gewidmet.**

Ihr Flaggschiff unter den Single Malts ist die 10-jährige Abfüllung, die in Ex-Bourbon-Fässern lagerte und Apfel- und Pfirsichnoten, Honig, Toffee und Vanille präsentiert. Hell, fein und weich. Mit der Nachreifung in Rum-, Sherry- und Portweinfässern entstehen drei 12-jährige West Cork Single Malts, die mit vollen Fruchtaromen, Beeren, Dörrobst intensiver Süße und Malz locken. Und dann sind da noch zahlreiche Sonderabfüllungen, bei denen mit besonderen Hölzern oder besonders ausgebrannten Fässern experimentiert wurde oder die in anderen Altersstufen herauskommen. Oder ohne Altersangabe. Man ist experimentierfreudig im Hause West Cork.

www.westcorkdistillers.com

Johnny O'Connell, Ger McCarthy und Denis McCarthy – die Gründer von West Cork
Das ist Whiskeyvielfalt.

Aureum Grave Digger: Eine Verpackung, die zum Namen passt.

Aureum 1865 heißt die Whiskymarke der Brennerei Ziegler in Freudenberg. Die Zahl steht für das Gründungsjahr des Unternehmens, der erste Single Malt Whisky kam 2008 auf den Markt.

Das heutige Unternehmen Edelobstbrennerei J. und M. Ziegler wurde 1865 als Brauerei mit Brennrecht gegründet. Seither ist das Unternehmen stetig gewachsen und hat zu seiner breiten Palette an Edelbränden und Likören 2008 auch den Whisky hinzugefügt. Gebrannt wird im Doppelbrennverfahren und der feine und reine Alkohol, der aus den Brennblasen tropft, hat hier bei Ziegler die Chance, in etwas anderem als Eichenfässern zu lagern: Für den Aureum nutzt man neben Sherryfässern, Port-, Rum- und Weinfässern aus Eiche auch Fässer aus frischem Kastanienholz. So auch für einen Hauptakteur im Ziegler'schen Single-Malt-Repertoire: Der spätere Whisky für den Aureum 1865 5 Jahre lagert zunächst einmal zu gleichen Teilen für ein Jahr in besagten Kastanien- und in neuen französischen Allier-Eichen-Fässern. Anschließend reift er in Bourbonfässern weiter und erhält noch ein Finish in Sherryfässern – eine Reifetechnik, die dem Aureum Single Malt zum einen eine intensive Würzigkeit, auf der anderen Seite auch eine süße Fruchtigkeit verleiht, die sich mit Noten von Honig, Sherry und Karamell gut verträgt.

Ein äußert erfolgreicher Single Malt ist der Aureum Grave Digger. Er ist auf dem besten Wege, Kultstatus zu erlangen, und hat Einzug gehalten in die Heavy-Metal-Szene: Die deutsche Band Grave Digger mit Gitarrist Axel Ritt ist nicht nur Namenspate für den Single Malt, der Ausnahmemusiker war auch beim Festlegen des Whiskystils in zahlreichen Versuchstastings beteiligt, er promotet ihn, gesellt sich gerne zum Ziegler-Team auf Messen und Veranstaltungen hinzu und genießt den Grave Digger auch. Er lagerte wie der fünfjährige Aureum auch, zunächst für ein Jahr swohl in Kastanien- als auch in Allier-Eichen-Fässern, dann fünf Jahre in Bourbonfässern. Nun wird er vermählt mit Whisky, der während dieser sechs Jahre in Gonzalez-Byass-Fässern lag. Als besonderer Akzent kommt dann noch ein kleiner Teil rauchigen Whiskys aus Bourbonfässern hinzu. Empfehlung: Diesen etwas anderen deutschen Whisky selbst einmal probieren.

59

Ayrer's – zu Füßen der Burg 🇩🇪

Im Herzen von Nürnberg ist die Hausbrauerei Altstadthof zu Hause und folgt seit der Gründung 1984 der Nürnberger Brautradition. Nach traditionellen Rezepten wird gebraut, ökologisch und ganz handwerklich. »Craft« eben auf neudeutsch. Eines dieser Biere wird aus rotem Spezialmalz hergestellt und dieses Malz prägt den fränkischen Single Malt.

Bereits seit 2005 wird hier zu Füßen der Nürnberger Burg Whisky gebrannt. In einer Pot Still wird die Jahresproduktion von etwa 1000 Litern dreifach destilliert. Der Ayrer's reift dann anschließend in neuen, ausgekohlten Fässern aus amerikanischer Eiche heran. Die klassische Dauerabfüllung, der Ayrer's Red, kommt nach drei Jahren in die Flaschen und präsentiert sich mit satten Malzaromen, mit Vanille und würzigen Eichennoten. Der rötlich schimmernde Single Malt macht dabei seinem Namen alle Ehre. Immer sehr begehrt und meist schnell vergriffen sind die besonderen limitierten Ausgaben, bei denen der Whisky nach vier oder fünf Jahren in amerikanischer Eiche noch ein Finish in anderen Fässern wie Sherry-, Rum- oder Portweinfässern erhält. Diese Nachreifung dankt der Ayrer's dann immer mit satten Fruchtaromen und vollmundiger Würzigkeit. Regelmäßige Auszeichnungen heimst der Ayrer's Single Malt zu Recht nicht nur in Deutschland, sondern auch international ein.

Unbedingt zu empfehlen ist eine Erlebnisführung durch die historischen Nürnberger Felsengänge, die sich seit Jahrhunderten durch den Buntsandstein unter Nürnbergs Burg hindurch ziehen und in denen schon von jeher Bier gelagert wurde. Bei den Führungen lernt man zum einen die Geschichte Nürnbergs kennen, besichtigt zum anderen aber auch die Altstadthof-Brauerei und die Ayrer's-Brennerei. Die nutzen nämlich einen Teil der Felsengänge ganz traditionell noch immer als Lagerräume für ihr Bier und jetzt auch für den Whisky. Na ja, und zum Probieren gibt es dabei natürlich auch den einen oder anderen Tropfen …

www.hausbrauerei-altstadthof.de/whisky-destille/ayrers-destille

Strahlendes Kupfer: der Geburtsort des Ayrer's Single Malt
Gelagert in historischen Felsengängen

60 Baltach – frisch auf der deutschen Whiskybühne

Bierbrauer und Whiskybrenner haben schon immer gut zusammen-gearbeitet und nicht wenige Brennereien sind Ableger von Braue-reien. Auch in Wismar gibt es seit kurzem einen Brauer, der Whisky produziert. Oder ist es jetzt ein bierbrauender Whiskybrenner?

Baltach heißt der Single Malt, von dem gerade die Rede ist. Und es geht um das Brauhaus am Lohberg in Wismar, das bereits 1452 errichtet wurde. Hier wird die lokale Spezialität »Wismarer Mumme« gebraut, ein Bier, dessen Ursprung im Mittelalter liegt und das ohne Hopfen zubereitet wird. Eigentlich die ideale Voraussetzung zur Whiskyproduktion, überlegte man. Unter dem Label Hinricus Noyte's No. 1 werden bereits seit einiger Zeit Spirituosen gebrannt und der Schritt zum Whisky war irgendwie naheliegend. Der Single Malt lagert drei Jahre in Bourbonfässern und bekommt ein etwa einmonatiges Finish in Oloroso-Sherry-Fässern. 2013 wurde die erste Abfüllung vorgestellt.

Es ist ein außergewöhnlich weicher Single Malt, fein fruchtig und mit Sherrysüße, Vanille- und Eichennoten. Hergestellt in äußerst kleinen Batches ist dieser Single Malt mengenmäßig ein kleines Licht in der deutschen Whiskyszene, bereichert sie aber qualitativ um ein sehr mildes und ausgewogenes Produkt.

www.hinricusnoyte.de

Das Fasslager für Baltach-Whisky ist noch jung.

Das historische Brauhaus am Lohberg in Wismar macht durchaus Eindruck.

61 Valerie – die Dame aus BaWü

Brennen hat in der Familie Feller schon seit 1820 Tradition. Seit 1903 gibt es die Brennerei Feller im baden-württembergischen Regglisweiler, mittlerweile in vierter Generation. Neben Edelbränden, Gin und Rum gehört auch Whisky seit einiger Zeit zum Repertoire der Fellers, die dabei auf regionale und nachhaltig angebaute Rohstoffe setzen. Ihr Single Malt ist weiblich – Valerie heißt die Dame.

Man setzt auf sehr reinen Brand, der eine sechsfache Destillation erfährt. Eine vier- oder fünfjährige Reifezeit macht daraus einen sehr weichen, fruchtigen Single Malt, der die speziellen Nuancen der Fässer widerspiegelt. Nach vier Jahren in Bourbonfässern ist Valerie voller Karamell- und Malznoten und fruchtiger Pfirsich- und Aprikosenaromen. Ein weiteres Jahr im Sherryfass unterstreicht die fruchtige Note und verleiht Sherryaromen und Trockenheit. Bekannt ist Feller vor allem für den Valerie Amarone Cask Finish: Im einjährigen Finish in Amaronefässern gesellen sich vollmundige, würzige Rotweinnoten hinzu, süße Aromen und eine leichte Pfeffrigkeit. Dabei bleibt der Single Malt immer sehr weich und mild. Also gar nicht so eckig wie die Flaschen, in denen er daherkommt, sondern ganz Dame.

www.brennerei-feller.de

Valerie: ein weicher, runder Whisky – auch wenn die Flasche eckig ist

Tafeln, wo der Whisky reift – Genuss rundum
Das Ladengeschäft der Brennerei Feller lockt …

Hans-Gerhard Fink, Inhaber und Brennmeister, hat gut lachen: Er hat seine Schätze im Griff. Das Getreide für den Finch-Whisky wächst auf dem Gut Aglishardt heran.

Finch – vom Feld in die Flasche

Wenn man Hans-Gerhard Fink nach seinem Beruf fragt, dann sagt er mit Inbrunst »Bauer«. Dass er in der größten Brennblase Deutschlands jährlich 250.000 Liter Alkohol brennt, mittlerweile mehr als 4000 Fässer in mehreren Lagerhäusern zu Finch Single Malt Whisky heranreifen und das Label zu den bekanntesten und erfolgreichsten Deutschlands zählt, macht ihn aber nicht minder stolz.

Auf seinem Gut Aglishardt baut Fink das Getreide für seinen Whisky selbst an. Seit 2001 brennt er daraus hier auf der Schwäbischen Alb seinen Finch Whisky. Hauptsächlich produziert er Grain-Whisky-Abfüllungen aus einer Mischung von Weizen- und Gerstenmalz oder aus reinem Weizen. Unterschiedliche Fassreifungen hat er im Repertoire von Bourbon über Sherry-, Portwein- und Wein- bis hin zu Rumfässern. In Deutschland weniger verbreitet ist Dinkel- und Maiswhisky, die ebenfalls zur Finch-Palette gehören. Und dann ist da natürlich der Single Malt. Fünf bis sechs Jahre lagert er in Sherryfässern und präsentiert feine Frucht- und Sherrynoten. Sehr weich, rein und duftig. Auf die Reinheit legt Hans-Gerhard Fink sehr viel Wert und achtet schon beim Brand auf äußerst sauberes Trennen des Herzstücks. Und was ihm auch nicht in die Flasche kommt, ist rauchiger Whisky. Den mag er nämlich nicht.

www.finch-whisky.com/de

Bergeweise Whisky in spe

Gilors – hessisches Spiel mit Malz und Holz

In dritter Generation wird auf dem Obsthof am Berg im hessischen Örtchen Kriftel gebrannt. Der Name der Brennerei verrät, dass es hier ursprünglich um Obst ging, um frisches, um gekeltertes und um gebranntes. Das ist auch heute noch so, aber eben nicht nur: Die Brüder Holger und Ralf Henrich setzen seit 2008 auch verstärkt auf Getreide und auf Whiskyherstellung.

PX-Finish, Fino-Sherry, Port, Double Wood, Oloroso Finish – die Namen der Gilors-Abfüllungen verraten, dass man den Henrich-Brüdern nun wirklich keine Einseitigkeit vorwerfen kann. Obwohl die produzierten Mengen noch verhältnismäßig überschaubar und die Batches klein sind, hält man das Portfolio bewusst breit, will aber an diesen Grundlinien festhalten. Das PX-Finish ist zwar zufällig am Anfang der Aufzählung gelandet, doch für viele Gilors-Fans ist diese Abfüllung auch geschmacklich die Nummer Eins: Zunächst wird der Whisky zwei Jahre in gebrauchten, vom Rauch infizierten Islay-Ffässern, dann drei Jahre in Pedro-Ximenez-Sherry-Fässern gelagert, das verschafft diesem Gilors würzige und sehr fruchtige Aromen auf der einen Seite, auf der anderen Seite schwingt Rauch mit. Und Vorsicht: Der Single Malt ist in Fassstärke, die man ihm auch deutlich anmerkt. Der PX ist ein kräftiger Vertreter, einen deutlichen Kontrapunkt setzt der Gilors Fino Sherry. Feine Frucht, Malzigkeit, Trockenheit kennzeichnen ihn. Zwei Sherry-Seelen hab ich, ach, in meiner Brust …

Aber nicht nur mit den Fässern spielt man in Kriftel, auch beim Malz gibt es Unterschiede. Von nicht rauchigem deutschem Malz bis zu kräftig getorftem schottischem, das sie importieren, reicht die Spanne, und das schafft zusätzlich Spielraum zum Variieren der Gilors-Aromen.

Beim Namen für ihren Single Malt lehnten sich die Henrichs an die schottischen Wurzeln des Whiskys an: »Goldenes Wasser« bedeutet das gälische Gilors frei übersetzt.

www.brennerei-henrich.de/whisky.html

Ralf und Holger Henrich freuen sich aus gutem Grund:
Der Gilors Single Malt Whisky kommt an.

64 Hillock – mit Bruchzahlen zum Erfolg

Die Single Malts der Familienbrennerei Habbel haben seit 2013 in der neu errichteten Hillock Park Distillery ein eigenes Zuhause gefunden. Jetzt entsteht hier, was zuvor neben den Obstbränden, neben Gin, Korn, Kümmel, Wodka und anderen Spirituosen des Unternehmens im denkmalgeschützten Gebäude der ehemaligen Kornbrennerei produziert wurde: Das Gerstenmalzdestillat, das in jahrelanger Lagerung zum Hillock Single Malt heranreift.

Die Länge dieser Lagerung variiert und bei Hillock tut sie das ganz besonders: Michael Habbel kombiniert Fässer sehr unterschiedlichen Alters und er tut es mit großem Erfolg: Seine »Zehntel«-Whiskys werden regelmäßig bei Spirituosenwettbewerben ausgezeichnet.

Kleine Zahlenlehre: Auf dem Etikett stehen als Produktname Zahlen übereinander, wie bei einem Bruch durch einen Querstrich geteilt. Oben steht das Alter des einen Anteils an verwendeten Fässern, unten der andere. 7 ½ steht beispielsweise oben und 15 unten. Siebeneinhalbjähriger Whisky wurde mit Vierzehnjährigem vermählt. Gelesen wird es einfach 7 ½ Fünfzehntel.

Nicht nur hinsichtlich des Alters, auch bei den Fassarten wird kombiniert: Im gerade beschriebenen kommen Whiskys aus Bourbon-, Islay- und Cognacfässern zusammen, die noch ein Jahr gemeinsam in einem Islay-Sherry-Butt verbrachten. Bei der Destillation waren nicht rauchige und rauchige Malze verwendet worden und der 7 ½ Fünfzehntel trägt deutlich rauchige Charakterzüge. Wie übrigens sein Vorgänger auch.

Hillock gab es aber auch schon ohne Bruchstrich: Da war der Hillock 14 Jahre beispielsweise, der leider schon vergriffen ist. Vier Jahre im Islay-Sherry-Butt und zehn Jahre im Cognacfass prägten den Single Malt in Fassstärke. Sind wir mal gespannt auf die nächste Abfüllung. Wer wagt einen Tipp, was wohl im Zähler und was im Nenner stehen wird?

www.habbel.com/destillerie-brennerei

Hillock Park Distillery – Heimat eines preisgekrönten deutschen Single Malts
Michaela und Michael Habbel mit ihrem Team

Slyrs Caffee & Lunchery: Genuss mit Blick auf den Wendelstein
Ein Team engagierter Destillateure steht hinter dem Slyrs-Whisky.

Slyrs – bayrische Brennkunst und amerikanische Weiß-Eiche

Als Florian Stetter mit Freunden während einer Schottlandreise um einen Kasten Bier wettete, auch in Bayern Whisky brennen zu können, da hat er sich gewiss nicht träumen lassen, dass sein Produkt rund 20 Jahre später in London mit dem Titel »Bester Single Malt Europas« geehrt werden würde.

Der erste Whisky in spe tropfte 1999 aus Brennblasen der Lantenhammer Brennerei. Nachdem sich schon bald der Erfolg des Slyrs-Whiskys einstellte, erbaute Florian Stetter nicht weit entfernt die neue Slyrs-Brennerei. Zwei Wash Stills und ein Spirit Still mit je 1500 Litern arbeiten in der modernen Schaubrennerei. Beim verwendeten Gerstenmalz setzt Slyrs auf Buchenholz-Darrung, bei der Fasslagerung auf Fässer aus frischer amerikanischer Weiß-Eiche. Drei Jahre lagert das Destillat, um als Slyrs Single Malt Classic mit süßlichem, von Vanille- und Eichennoten charakterisiertem Geschmack das Kernprodukt der Brennerei zu bilden. Darauf aufbauend entstehen durch mehrmonatige Finishes in anderen Fässern wie Port-, Sherry-, Sauternes-, oder Rumfässern besondere Abfüllungen in kleinen Batches. Der 2014 in London ausgezeichnete Single Malt war übrigens der Slyrs PX.

Seit 2015 gibt es den Slyrs auch als 12-jährige Abfüllung, die jedes Jahr limitiert aufgelegt wird. Im Gegensatz zu den anderen Single Malts der Brennerei lagert der Whisky für diesen Slyrs 12 Jahre nicht in neuen Fässern, sondern in denen, die bereits eine Erstbelegung mit Slyrs durchlaufen haben. Neben Vanille- und Eichennoten hat er komplexere, würzige Aromen, Karamell, Honig, Orangenschale und geröstete Mandeln zu bieten. Leichter Rauch schwingt mit und lange klingen Mandeln und Eiche nach.

Und dann sei noch kurz ein anderer Whisky erwähnt, der zwar nicht Slyrs heißt, aber aus demselben Hause kommt und auch mit S beginnt: Der Sild Crannog Single Malt wurde in der Brennerei Slyrs aus Sylter Gerste destilliert und anschließend in kleinen Fässern im Hafen von List/Sylt auf dem Kutter »The Angel's Share« gelagert – von den Wellen geschaukelt, von der salzigen Meeresluft geküsst.

www.slyrs.com/de

Immanuel Gruel, Brenner in vierter Generation

Tecker –
volljährig

66

Die Familie Tecker brennt seit vier Generationen und seit 20 Jahren brennt sie auch Whisky. So hat die Brennerei auf der Schwäbischen Alb mittlerweile Single Malts mit stolzen Jahreszahlen zu bieten.

Eine Brennerei Tecker sucht man allerdings vergeblich, nach der Brennerei Gruel muss man Ausschau halten im kleinen Städtchen Owen. Die ist heute Wirkungsfeld von Immanuel Tecker, dessen Großvater Christian 1989 den ersten Whisky herstellte und der seine brennende Leidenschaft an seinen Enkel weitergab. Mit Stolz kann er aus seinem Fasslager unterschiedliche Whiskys auswählen, von Bourbonfässer über Sherryfässer bis zu Portweinfässern. Seine Abfüllungen stellt er gerne als »Double Matured« zusammen. Vier Jahre in Bourbon-, vier Jahre in Sherryfässern und der Tecker Single Malt Whisky zeigt seine Fruchtaromen, aber auch eine starke Würzigkeit, Pfeffer und Eichennoten. Beim zehnjährigen sind es jeweils fünf Jahre pro Fassart. Aber es gibt auch Tecker Single Malt, der zehn Jahre ausschließlich im Portweinfass verbrachte. Oder 18 Jahre im Sherryfass – dieser volljährige Tecker Sherry Cask Matured ist der ganze Stolz der Brennerei. Deutscher Whisky ist immer viel zu jung? In Owen nicht.

www.manufaktur-gruel.de

Die Brennblase der Brennerei Gruel

Pfanner – ganz privat, ganz familiär

Wenn von Tradition die Rede ist, passt dann auch österreichischer Whisky ins Bild? Die Privatbrennerei Pfanner sagt: »Ja, das passt«. Und schafft seit einigen Jahren den Spagat zwischen der Pflege traditioneller Fruchtbrände und dem Aufbau eines neuen Spirituosenzweiges.

Vor mehr als 150 Jahren begann in Lauterach die erfolgreiche Firmengeschichte der Familie Pfanner. Eine Brauerei und ein Gasthaus standen am Anfang, Edelbrände und Liköre kamen hinzu. Und wer kennt nicht den berühmten Pfanner Eistee? Seit 2005 gehört nun auch das Whiskybrennen zur Pfanner-Disziplin und man konzentriert sich auf Single Malt. Rund 10.000 Liter werden jedes Jahr abgefüllt.

▶ **Wer das Außergewöhnliche sucht, greift zum Pfanner Single Barrel, gereift in österreichischer Eiche.**

Mittlerweile hat man das Repertoire auf verschiedene Fassreifungen ausgebaut und bietet neben nicht rauchigem auch rauchigen Whisky an. Das Kernprodukt ist der Pfanner Classic, sehr fruchtig mit Apfel- und Birnenaromen, dazu Süße, Pfeffernoten, Würzigkeit und Eiche. Der Pfanner Red Wood, für drei Jahre gelagert in Rotweinfässern, zeigt sich mit Noten von geröstetem Getreide, Sahnekaramell und starken Eichenaromen. Leichten Rauch präsentiert die Abfüllung Pfanner Whisky Smoky, deutlich kräftigeren der X-Peated.

Der Pfanner Single Malt Whisky wird in Kupferkesseln aus Sommerbraugerste doppelt gebrannt. Der hoppelnde Hase, der jedes Label und jede Schachtel ziert, ist kein Eigenlob à la »Wir wissen, wie der Hase läuft«, sondern eine kleine Hommage an die Langohren, die im hiesigen Naturschutzgebiet Lauteracher Ried heimisch sind.

Pfanner ist übrigens Gründungsmitglied der Austrian Whisky Association (AWA), in der sich seit 2012 österreichische Whiskybrenner zur Pflege der Whiskykultur und Stärkung der Wertschätzung des österreichischen Single Malt zusammenfinden.

www.pfanner-destillate.com

Walter Pfanner hat die Palette des Familienunternehmens um Whisky ergänzt.
Damit hat der österreichische Unternehmer die richtige Nase bewiesen.

68 Johnett – Swiss Single Malt aus Zug

Nicht nur die Schotten und Iren können auf lange Brenntradition zurückblicken, auch die Schweizer können mit stolzen Jahreszahlen aufwarten. Die Brennerei Etter blickt auf die Brennereigründung im Jahr 1870 zurück.

Nun wurde damals natürlich noch kein Getreide gebrannt, sondern Obst. Seit 2007 aber läuft auch Getreidebrand aus den Brennblasen. Die Gerste, aus der das Malz für den Johnett Single Malt gewonnen wird, wächst hier im Zuger Land heran. In der Brauerei Baar wird die Maische hergestellt, die anschließend in der Brennerei Etter gebrannt wird. Gelagert wird in Eichenfässern eines Luzerner Weingutes. 2017 kam bereits der vierte Jahrgang des Johnett Single Malt als siebenjährige Abfüllung auf den Markt.

Reife Aprikose, Birne, Banane, Malz, Röstnoten, nussige Aromen, Toffee und Schokolade – der Johnett schmeichelt dem Gaumen mit weichem, reinem Charakter.

www.etter-distillerie.ch/de

Hier schlummert künftiger Johnett Single Malt Whisky.

Hans Etter und Gabriel Galliker-Etter übernehmen gerne die Qualitätskontrolle.
Die Familie Etter in den Höllgrotten, Lagerungsort und Wasserreservoir für den Johnett

Das neue Zuhause des Langatun Whiskys steht unter Denkmalschutz.
Bei den Brennblasen setzt man auf moderne Technik.

Langatun – tierisch gut

Ein historisches Kornhaus in Aarwangen ist seit 2014 das Zuhause der Langatun-Brennerei. Könnte es ein passenderes Domizil für eine Whiskybrennerei geben?

Den Langatun-Whisky brennt Hand Baumberger bereits seit 2007, damals noch im benachbarten Langenthal. Hier übernahm seine Familie 1860 eine Brauerei und noch heute wird die Maische für den Langatun-Whisky von dort angeliefert.

Old Deer, Old Bear – die Standardabfüllungen aus dem Hause Langatun geben sich ganz tierisch. Old Deer ist die nicht rauchige Single-Malt-Variante, reift für fünf Jahre in Sherry- und Chardonnayfässern heran und zeigt sich malzig, vanillig, fruchtig, untermalt von satten Eichennoten. Der aus rauchigem Gerstenmalz destillierte Old Bear verbrachte fünf Jahre in Châteauneuf-du-Pape-Fässern, in denen süß-fruchtige Weinaromen, Eichen-, Malz- und Rauchnoten entstehen. Eine bunte Auswahl an Einzelfassabfüllungen und besonderen limitierten Editionen ergänzt das Langatun-Sortiment. Hans Baumberger liebt es, seinem Brand in unterschiedlichsten Fässern unterschiedliche Charaktere zu verleihen.

www.langatun.ch

Gut Ding will Weile haben: Whisky muss in Ruhe reifen.

Rugen – Lebenswasser aus den Schweizer Bergen

»Swiss Mountain Single Malt Whisky« steht auf dem Label und aus den Schweizer Bergen kommt er auch, der Rugen-Whisky, genauer gesagt aus dem Berner Oberland.

Unten das Rugenbräu-Sudhaus, genau darüber die Brennblase des Rugen-Whisky – hier in Matten bei Interlaken hat sich 2010 das Brennen zum traditionellen Bierbrauen hinzugesellt.

Das klassische Aushängeschild der Brennerei ist – der Name verrät es bereits – der »Classic«. Im Felsenkeller der Brauerei/Brennerei in Oloroso-Fässern gereift, entwickelt er trockensüße Sherrynoten, Birnenaromen und herb-holzige Untertöne, die von Vanille, Toffee und Röstnoten ergänzt werden. Ein sehr komplexes Aromenbild. Mit dem Ice Label hat die Rugen Brennerei übrigens einen ganz besonderen Single Malt am Start: Auch er reift in Oloroso-Sherry-Fässern, darf aber nachlagern in einer Eisgrotte auf dem Jungfrauenjoch. Whisky on the rocks sozusagen …

www.rugenbraeu.ch/whisky

Master Distiller Kurt Althaus bei den Ice Label Fässern

Rugen Ice Label: Nachgelagert auf dem Jungfraujoch

71 Säntis – vom Bier geküsst

Jeder Whisky hat eine enge Beziehung zum Bier, denn das Ausgangsprodukt für die Destillation ist im Prinzip nichts anderes als hopfenfreies Bier. Säntis allerdings wendet sich auch nach der Destillation noch einmal dem Thema Bier zu.

Die Brauerei Locher in Appenzell stellt einen der erfolgreichsten Schweizer Whiskys her. International gesehen kann man sicher durchaus vom erfolgreichsten überhaupt sprechen. Als die Schweiz 1999 das Verbot des Brennens von Getreide aufhob, begann Karl Locher mit der Herstellung von Whisky und entschied sich bei der Auswahl der Fässer, das alte Sprichwort »Schuster, bleib bei deinen Leisten« zu beherzigen – er griff zu alten Bierfässern.

Die Edition Sigel gehört zum Kernsortiment und spiegelt den ursprünglichen Säntis-Charakter am besten wider: Sehr fruchtig mit Aromen von Weintrauben, ein Hauch Vanille und eine Portion Würzigkeit durch den Fasseinfluss. Aber Säntis beschränkt sich längst nicht nur auf die Bierfässer. Sie sind immer die Grundlage der Reifung, doch dann greift man für das meist mehrjährige Finish zu Weinfässern, Sherryfässern, Portweinfässern und anderem mehr. So ist eine breite Produktpalette mit diversen Abfüllungen entstanden, die in kleinen Batches erscheinen. Der Säntis, der aus dem Portfolio deutlich heraussticht und der die Fangemeinde spaltet wie kein anderer, ist der Säntis Dreifaltigkeit: Das Malz erhält einen sehr speziellen Charakter, weil die Rauchigkeit nicht nur durch Torf aus dem Appenzeller Hochmoor erzeugt wird, sondern auch durch das Verbrennen verschiedener Hölzer. Geräucherter Schinken, Speck, Holzkohlerauch, dunkles Malz und eine starke Öligkeit charakterisieren den Dreifaltigkeit. Love it or leave it …

Übrigens: Der Name Dreifaltigkeit hat ebenso wenig einen religiösen Hintergrund wie der des Säntis Himmelberg. Wie beim Alpstein oder beim Sigel greift Säntis dabei auf Namen von Appenzeller Bergen zurück.

▶ **Säntis hat den Appenzeller Whiskytrek ins Leben gerufen und lagert dazu ausgewählte Whiskyfässer bei allen Appenzeller Berggasthäusern.**

Nahe dieser beeindruckenden Alpenkulisse entsteht besonderer Whisky.
Fasstransport auf eine Berghütte des Whiskytreks

Die Molen van Jetten mahlt auch Malz für den Millstone-Whisky.

Millstone –
Wind voraus

72

Windmühlen sind noch immer eines der Markenzeichen Hollands. Um den Kampf gegen das Aussterben zu unterstützen, lässt das Unternehmen Zuidam Distillers sein Malz in diesen Windmühlen mahlen. Ganz langsam von einem traditionelle Mühlstein: Millstone.

Der erste Millstone Single Malt Whisky kam 2007 heraus und war fünf Jahre alt. Noch heute ist er die zentrale Abfüllung der Brennerei. Gereift in neuer amerikanischer Eiche und First-fill-Bourbonfässern präsentiert er viel Vanille, Kokosnuss, Aromen von getrockneten Früchten und Eiche. Er wird in kleinen Batches produziert. Neben dieser nicht rauchigen Abfüllung umfasst das Single-Malt-Repertoire von Millstone auch eine leicht getorfte fünfjährige Variante, zwei zehnjährige Millstones aus französischer oder amerikanischer Eiche und eine 12 Jahre alte Abfüllung. Letztere enthält Whisky, der acht Jahre in neuer amerikanischer Eiche verbrachte, bevor er vier Jahre in Oloroso-Sherry-Fässern weiterrreifen durfte. Und es gibt auch immer wieder Sonder-editionen, Vintage- oder Single-Cask-Abfüllungen. Allen gemein ist ein sehr intensives, würziges Aroma.

www.millstonewhisky.eu/nl/home.htm

Fass an Fass reift Millstone-Whisky heran.

Gebrannt wird der Armorik in traditioneller Handarbeit im Pot-Still-Verfahren.
Der Drache betont die keltischen Wurzeln der bretonischen Kultur.

Armorik – bretonischer Whisky in schottischer Tradition

73

Wer durch die Bretagne fährt, kommt nicht umhin, die Verbundenheit der schottischen und bretonischen Kultur zu bemerken. Die Kelten haben auch hier ihre Spuren hinterlassen. Und so wundert man sich vielleicht nur einen Moment lang, wenn man von bretonischem Whisky hört. Schließlich ähneln sich auch das Klima hier an der bretonischen Küste und das an der schottischen und irischen.

Der erste Armorik Single Malt Whisky kam allerdings erst 1988 heraus und ist Gilles Leizour zu verdanken. Er führt das Familienunternehmen Warenghem in Lannion in fünfter Generation und befand, dass es nach dem berühmten Elexir d'Armorique, zahlreichen anderen Spirituosen und Likören Zeit wäre, auch Whisky herzustellen. 120.000 Liter Alkohol verlassen mittlerweile jährlich die original schottischen Brennblasen und reifen in Bourbon- und Sherryfässern, aber auch in Fässern aus bretonischer Eiche zu Whisky heran. Das Klima hier an der bretonischen Küste ähnelt dem schottischen und irischen Inselklima.

▶ **Der keltische Drache im Armorik-Logo soll die Verbundenheit der bretonischen mit der keltischen Kultur unterstreichen.**

Armorik Classic heißt der Eckpfeiler der Single-Malt-Range des Unternehmens. Vier bis acht Jahre alt sind die Whiskys, die für ihn aus Bourbon- und Sherryfässern vermählt werden. Dieser Single Malt zeigt sich in fruchtigem, malzigem Aroma mit Vanille- und Honignoten und einem ganz zart rauchigen Unterton, ähnlich einem anderen Hauptdarsteller unter den Warenghem-Whiskys: Der Armorik Double Maturation bekommt einen regionalen Touch durch die Reifung in Fässern aus französischer Eiche. Sie verleihen ihm eine besondere Würzigkeit. Abgerundet wird sein Aroma dann durch ein mehrmonatiges Finish in Sherryfässern. Daneben gibt es diverse andere Armorik-Abfüllungen, von denen besonders die Einzelfassabfüllungen immer einen genaueren Blick wert sind. Na ja, Whiskygenießer belassen es dann wohl kaum bei einem Blick …

www.distillerie-warenghem.com/de

74

Glann ar Mor – mit Feuer und doch nicht rauchig

In der Bretagne betreiben Martine und Jean Donnay in Larmor-Pleubian ihre Glann-ar-Mor-Destillerie. Unter diesem Label kommt der Single Malt ihrer nichtrauchigen Linie heraus.

Malerisch direkt an der Küste liegt die Brennerei und das bedeutet auch der Name Glann ar Mor: Am Rande des Meeres. 1999 hat Jean Donnay begonnen, hier seinen Whisky zu entwickeln, seit 2005 produziert er regelmäßig. Wichtig ist ihm dabei eine ganz traditionelle Arbeitsweise. Er setzt auf eine lange Gärung, auf langsames Brennen in zwei direkt befeuerten Brennblasen, die nach seinen Wünschen angefertigt wurden, und auf Abkühlung des Destillates in Worm Tubs.

Glann ar Mor ist ein nicht rauchiger Whisky, der ein frisches, fruchtiges Aroma von Orangen und Grapefruits bietet nebst Vanillenoten und Mandeln. Gelagert wird er in Bourbon- und auch in Sauternes-Fässern. Welche Fässer für ein Batch verwendet wurden, verrät jeweils das Label. Nicht nur hinsichtlich der Fässer gibt es Variationen, sondern auch bei der verwendeten Malzsorte. So gibt es auch kleine Variationen hinsichtlich des Aromas – am besten finden Sie es selbst heraus …

www.glannarmor.com/en/home

Glann ar Mor im Fass – gegen Verwechslung beschriftet

Die traditionelle Worm Tubs von Glann ar Mor
Man nutzt direkt befeuerte Brennblasen.

Kornog – der rauchige Bruder des Glann ar Mor

Dieselbe Brennerei, ein anderes Single-Malt-Label. Während die nicht rauchige Linie der Brennerei Glann ar Mor nach ihr benannt ist, wird die stark getorfte Ausführung als Kornog vertrieben.

Kornog ist bretonisch und steht für den Westwind. Die Brennerei liegt in der Nähe des Ortes Pleubian an der Nordküste der Bretagne und Westwinde sind hier vermutlich keine Seltenheit. Von daher ist der Name durchaus passend. Und wie ist es mit dem Whisky? Der Kornog ist sicher ganz nach Ihrem Geschmack, wenn Sie rauchige Islay-Whiskys mögen, denn sein aromatisches Profil geht stark in diese Richtung. Verwendet wird Malz mit einem Phenolgehalt von 30 bis 35 ppm im Ausgangsmalz, womit wir grob im Bereich von Laphroaig, Lagavulin und Caol Ila liegen. Bei einem Blind-Tasting, in dem die Verkoster nicht wissen, was sie im Glas haben, wird der Kornog oft für einen dieser Schotten gehalten.

Hinsichtlich der Fässer variiert der Eigentümer und Brenner Jean Donnay seine limitierten kleinen Batches des Kornog: Mal sind es Pedro-Ximenez-Sherry-Fässer, mal Oloroso-Sherry-Fässer, mal ist es ein Kornog aus einem Sauternes-Fass, Die klassische Abfüllung wird mit 46 % vol. herausgebracht, aber auch Einzelfassabfüllungen in Fassstärke kann man hin und wieder erspähen.

www.glannarmor.com/whiskies

Und wieder gut beschriftet – Kornog im Fass, in dem einmal Bourbon war

Ein fantastischer Blick bietet sich von der Brennerei aufs Meer.

76 Rozelieurs – ein Spiel mit der Rauchigkeit

Die Brennerei der Familie Grallet-Dupic gehört zu den größten Frankreichs und seit kurzem gibt es für ihren Rozelieures Single Malt Whisky auch einen offiziellen deutschen Import. Die Chancen stehen also gut, dem bisher in Deutschland eher unbekannten lothringischen Single Malt auch hier bei uns im Handel zu begegnen.

Wie ist der Stil dieses Whiskys? Rauchig? Nicht rauchig? Darauf lässt sich Rozelieurs nicht festlegen. Die Brennerei bringt bewusst verschiedene Linien aus unterschiedlich stark getorftem Malz heraus. Da ist der Origine Collection mit einem kaum wahrnehmbaren Hauch von Rauch. Er war der erste Rozelieurs, der produziert wurde, und reift für sechs Jahre in Sherry- und Cognacfässern heran. In der Abfüllung Rare Collection kommen zu den Sherry- und Cognacfässern noch Sauternes-Weinfässer hinzu und wir sind bei achtjähriger Lagerung und mit 12 ppm ein wenig rauchiger. Ausschließlich Fino-Sherry-Fässer sind es beim acht Jahre gelagerten rauchigen Fumé (20 ppm) und Bourbonfässer sowie Fässer aus frischer lothringischer Eiche beim ebenfalls achtjährigen Tombé mit seinem kräftigen Raucharoma durch 45 ppm im Ausgangsmalz. Das Getreide wächst übrigens ganz regional hier in Lothringen heran.

> ▶ **Wir sprechen hier der Einfachheit halber immer von Rozelieures Single Malt, aber um ganz ehrlich zu sein: Eigentlich muss es G. Rozelieures heißen.**

Gebrannt wird der Rozelieures Single Malt Whisky im doppelten Brennverfahren in Pot Stills. Man benutzt Charentaiser Brennblasen, wie sie vor allem von der Herstellung von Cognac her bekannt sind. Das Brennverfahren wird bei Besichtigungstouren sehr anschaulich in einer Sound- und Lightshow im Brennraum dargestellt. Die Brennerei liegt nicht weit von der deutschen Grenze entfernt im lothringischen Rozelieures – wie wäre es einmal mit einem kleinen Ausflug? Aber aufgepasst beim Suchen der Brennerei: Sie ist als »Maison de la Mirabelle« gekennzeichnet – Mirabellenbrand ist das andere und ursprüngliche Standbein der Brennerei.

www.whiskyrozelieures.com/en

Rozelieurs Single Malt Whisky: ein breites Geschmacksangebot
Christophe Dupic und Sophie Grallet-Dupic sind stolz auf ihren Whisky.

Etienne Bouillon ist zufrieden mit der Entwicklung seines Whiskys.

Belgian Owl – junger Whisky aus alter Brennblase

Vanille küsst Birne, Kokos küsst Banane, Zitrone küsst Eiche – ein frischer, junger Charakter ist dem belgischen Single Malt eigen, aber mit drei Jahren ist ein Whisky schließlich auch noch jung.

Mit dem Belgian Owl präsentiert die Owl Distillery einen frischen und leichten Single Malt, der sich mit seiner Jugend nicht hinter den älteren Kollegen anderer Brennereien verstecken muss. Noch fehlt ihm die Reife des Alters, aber kommt Zeit, kommt Entwicklung …

Als Etienne Bouillon die Brennerei in der Nähe von Liège baute, setzte er teilweise auf Second-Hand-Equipment und baute die alten Brennblasen der stillgelegten schottischen Caperdonich Distillery ein. Beim Getreide hingegen setzt er auf Regionalität und auf Gerste, die lokal heranwächst. Gelagert wird der Belgian Owl Single Malt in First-fill-Bourbonfässern.

Neben dem klassischen dreijährigen Belgian Owl gibt es mittlerweile auch limitierte Einzelfassabfüllungen, die einige Monate länger reifen durften.

www.belgianwhisky.com

Ein neuer Whisky aus alten Brennblasen

78 Stauning – eine kleine Schnapsidee wird groß

Martin, Lasse, Simon, Rasmus, Alex, Henning, Hans, Jesper und Mogens befanden, es sei Zeit, einen dänischen Whisky herzustellen. Im Herbst 2005 fingen sie an, sich zu informieren über das Wie und Wo und Womit. Im August 2006 heizten sie ihre neuen spanischen Brennblasen das erste Mal an.

»Craft«, »Handmade«, »Micro« – viele Begriffe werden heute benutzt, um das zu beschreiben, was die Stauning Brennerei par excellence verkörpert: Eine Vision wird in Handarbeit umgesetzt und ein individuelles Produkt entsteht. Man mälzt das Getreide, das hier an der dänischen Westküste heranwächst, selbst nach traditionellem »Floor-Malting«-Verfahren und trocknet es in einem Kiln. Zudem wird getorftes Malz hergestellt. Auch beim Maischen, Gären und Brennen richten sich die Dänen nach dem traditionell schottischen Verfahren. Allerdings hat man die mit offener Flamme befeuerten Brennblasen in Spanien anfertigen lassen. Mittlerweile ist deren Zahl auf fünf angewachsen.

▶ **Nichtrauchiger Stauning Traditional oder rauchiger Stauning Peated – die dänische Brennerei bedient beide Linien und hat neben Single Malt auch Rye Whisky im Programm.**

Der Großteil der Produktion wird in Bourbonfässern gelagert, aber auch Sherry-, Port- oder Weinfässer kommen zum Einsatz.

Getreidearomen, Malzigkeit, helle Frucht, Birne, Karamell und alkoholische Noten prägen die Stauning Single Malts, die je nach Fasslagerung mehr oder weniger Trockenfrucht- oder Schokoladenaromen und Würzigkeit hinzugewinnen. Beim Stauning ist man meist gut beraten, ihn vor dem Genuss einige Minuten im Glas verweilen zu lassen, vor allem, wenn es sich um Einzelfassabfüllungen handelt.

Dank einer Beteiligung des Spirituosengiganten Diageo ist Stauning derzeit stark auf Expansionskurs: Direkt neben der bisherigen Brennerei entsteht eine neue, wesentlich größere Anlage. Mittels 24 neuer Brennblasen kann dann eine Verzehnfachung der Produktion erreicht werden. Aus Craft wird ein kleines Industrieunternehmen.

Stauning Single Malt Whisky – entstanden in Handarbeit
Die Brennerei unterstützt Lisa Kjær Gjessing, die para-olympische Sportlerin aus dem Dorf Stauning.

79 Mackmyra – schwedischer Vor- und Spitzenreiter

Als 1998 ein paar whiskybegeisterte Freunde auf die Idee kamen, in Gävle eine Brennerei zu bauen, wusste die Welt noch nicht, dass sie auf schwedischen Whisky wartete. Mittlerweile hat er den Globus erobert.

Mackmyra war nicht nur der erste schwedische Whisky, er ist wohl auch der schwedischste: Auch wenn in unterschiedlichsten Fässern wie Bourbon-, Sherry-, oder Weinfässern gelagert wird, so ist es doch ein ganz spezielles Merkmal, ein ganz spezielles Holz, das dem Mackmyra-Whisky seinen so individuellen würzigen Geschmack verleiht: Man setzt stark auf Fässer aus schwedischer Eiche. Eine weitere Besonderheit ist die Verwendung von speziell für Mackmyra angefertigten 30-Liter-Fässern. »Mackmyra Reserve« heißen sie und werden in großer Zahl begeistert von privaten Interessenten gekauft. In diesen Fässern reift der Whisky durch die wesentlich kleinere Berührungsfläche zwischen Holz und Alkohol viel schneller und intensiver als in den üblichen 180- bis 200-Liter-Fässern.

Schwedischer Whisky braucht einen schwedischen Namen, findet man bei Mackmyra, und erfreut die Fangemeinde mit Svensk Rök, Skördetid, Jakt, Vinterdröm oder Iskristall. Mittlerweile gibt es neben den Abfüllungen ohne Altersangabe auch einen zehn Jahre alten Mackmyra – der schwedische Whisky ist erwachsen geworden.

2011 ist Mackmyra umgezogen in die neue Gravity Distillery außerhalb von Gävle. Im einzigartigen 35 Meter hohen Gebäude sind die verschiedenen Produktionsschritte nicht nebeneinander angeordnet, sondern über- bzw. untereinander. Man nutzt die natürliche Schwerkraft beim Weiterleiten von Würze, Maische und Destillat. In der alten Brennerei wurde eine Lab Distillery eröffnet. Experimentieren, ausprobieren, entwickeln – lassen wir uns überraschen, was die schwedischen Vorreiter uns noch präsentieren.

www.mackmyra.com

Mackmyra Svensk Rök: Schwedischer Rauch in Flaschen
In der Gravity Distillery wird von oben nach unten produziert.

80 Spirit of Hven – Sterne am Spirituosenhimmel

Die kleine Insel Hven liegt im Öresund zwischen Schweden und Dänemark. Sie verfügt über fruchtbaren Boden, und so wird hier viel Landwirtschaft betrieben. Vor allem Getreide wird angebaut. Warum also keine Brennerei errichten, dachte sich der Chemiker Henric Molin – und tat es.

Sie ist vermutlich eine der kleinsten Pot-Still-Brennereien der Welt, aber sie macht wohl ebenso einen der saubersten und feinsten Alkohole, die in diesem Verfahren erzeugt werden. Kein Wunder bei der Ausbildung und dem Fachwissen des Gründers und Eigentümers der Destillerie.

▶ **Die Spirit-of-Hven-Brennerei ist kombiniert mit einem 4-Sterne-Hotel mit Restaurant und preisgekrönter Whiskybar – eigentlich ideale Urlaubsvoraussetzungen …**

Die zentrale Single-Malt-Abfüllung der Brennerei heißt Tycho's Star – eine Hommage an den berühmten Astronomen Tycho Brahe, der einst hier auf der Insel in seinem Observatorium den Nachthimmel studierte. Damals gehörte die Insel übrigens noch zu Dänemark. Unter dem Namen »Seven Stars« ist eine ganze Single-Malt-Serie der Brennerei erschienen, in der mit verschiedenen Malzen und verschiedenen Fasslagerungen aromatische Unterschiede erzielt werden. Die Abfüllungen tragen Namen wie »Merez«, »Phecda« oder »Alioth« – sie sind benannt nach Sternen. Das verwendete Malz ist unterschiedlich stark getorft und wird zum Teil unter Verwendung schwedischen Torfes selbst hergestellt. Und es geschieht alles in Handarbeit in der kleinen Spirit-of-Hven-Brennerei, selbst das Abfüllen der Flaschen.

Bei der Spirit of Hven Distillery legt man nicht nur Wert auf Handarbeit, sondern auch auf besondere Qualität der Ausgangsprodukte. Das verwendete Getreide entstammt deshalb bio-zertifizierter Landwirtschaft. Zum großen Teil wächst es hier auf der fruchtbaren Insel heran, aber mittlerweile bezieht man es auch von ausgewählten Betrieben in Europa. Die Produktion wird in einem eigenen, hochmodernen Labor überwacht.

www.hven.com

Die Brennerei auf der schwedischen Insel Hven
Spirit of Hven Backafallsbyn: ein hochprozentiges Markenzeichen

81

Milk & Honey – ganz vegan. Und koscher 🇮🇱

Im Land, in dem nach biblischer Verheißung Milch und Honig fließen sollen, fließt seit kurzem auch Whisky. Die Milk & Honey Distillery in Israel hat im Sommer 2017 erstmalig 100 Flaschen ihres Single Malt herausgebracht. Ob er zu den »besten« 99 Single Malts der Welt gehört, sei dahingestellt, aber bei einem Überblick über die bunte internationale Welt der Whiskys hat er als besonderer Exot einfach einen Platz verdient.

Die moderne Milk & Honey-Brennerei steht in Tel Aviv und arbeitet seit 2015. Wie manch anderes Brennereiprojekt ist auch dieses aus ganz privatem Engagement heraus entstanden: Sechs whiskyliebende Freunde saßen zusammen und bedauerten, dass es in ihrem eigenen Land keine Whiskydestillerie gibt. So what? Gründen wir eine! Sie informierten sich, planten und ließen sich von Experten wie Jim Swan beraten. Nach dem Vorbild schottischer Brenntechnik entstand die

Anlage, die mit einer 10.000 Liter Wash Still und einer 3.800 Liter Spirit Still ausgestattet ist.

▶ **Wer sich am Projekt Milk & Honey beteiligen und das junge Unternehmen unterstützen möchte, hat die Möglichkeit, ein kleines Fass mit New Spirit zu kaufen und gespannt die Reifung abzuwarten.**

Die Reifung geht hier im heißen Israelischen Klima viel schneller vonstatten als in Schottland und anderen Whiskyländern, sodass wir demnächst sicher mit den ersten Abfüllungen rechnen können.

Eine Sonderausgabe von 100 Flaschen Milk & Honey Single Malt Whisky gab es bereits, aber die kamen nicht auf üblichem Weg in den Handel. Sie wurden über eine britische Auktionsplattform versteigert. Wie der Whisky schmeckt? Sind wir mal gespannt und halten die Augen offen nach dem ersten israelischen Whisky.

Koscher ist der Milk & Honey Single Malt übrigens, das lässt man von Rabbis überwachen und in einem Zertifikat bestätigen.

www.mh-distillery.com

Der Weg der Milk & Honey-Brennerei im Zeitstrahl
Der israelische Whisky reift erst seit 2015 heran.

Balcones – Texas Single Malt Whisky

Große Rinderherden, endlose Prärie, raue Berge, einsame Cowboys, sprudelnde Ölquellen – die Vorstellungen von Texas sind voller Klischees. Whisky gehört sicher auch zum Bild des Lone Star State, das uns zahlreiche Western und Ölbaron-Serien vermittelt haben. Aber hätten Sie vermutet, dass er in Texas nicht nur getrunken, sondern auch hergestellt wird?

Kentucky und Tennessee sind die klassischen Whiskyländer – pardon, Whiskeyländer – der USA und wir denken dabei nicht an Single Malt, sondern an Bourbon. In den letzten Jahren hat sich mit der wachsenden Craft-Distiller-Szene in den USA auch die Vielfalt der amerikanischen Whiskyszene entwickelt. Und neben Bourbon und Rye gehört eben Single Malt mittlerweile dazu.

Als Chip Tate 2008 die Balcones Distillery in Waco gründete und in Handarbeit mit viel Motivation, Idealismus und Experimentierfreude ans Whiskybrennen ging, wollte er einen eigenen texanischen Stil entwickeln und nicht die großen Bourbonkollegen kopieren. Das heißt nicht, dass er sich abwandte vom Mais, ganz im Gegenteil: Sein erster Whisky, auch heute noch ein Renner, war der Balcones Baby Blue aus dem hauptsächlich in Mexiko und den Südstaaten vorkommenden blauen Mais. Aber daneben experimentierte er auch mit anderen Getreiden und so kommen wir jetzt zu unserem Texas Single Malt Whisky: In traditionellen schottischen Pot Stills entsteht er und wird in unterschiedlich großen Fässern aus amerikanischer Eiche gelagert. 53 % vol bietet die Classic Edition und präsentiert sich mit sehr würzigen Aromen: Toffee, dunkler Zucker, geröstete Mandeln, Honig, Bananen, gedünstete Birnen, Apfelkompott, Eiche, im Nachklang Gewürznelke und Zimt – was schmecken Sie noch heraus?

Chip Tate hat Balcones übrigens mittlerweile nach einem firmeninternen Zerwürfnis mit gerichtlichen Auseinandersetzungen verlassen und eine neue Brennerei gegründet. Hier bei Balcones geht es weiter unter dem Motto »building a Texas whisky tradition«.

www.balconesdistilling.com

T for Texas: Balcones schreibt texanische Whiskygeschichte.
Flasche für Flasche wird sorgfältig verpackt.

Die Balcones Distillery liegt im texanischen Waco, einer Stadt mit knapp über 130.000 Einwohnern.

83 Corsair – anders und experimentell

Sie sind vermutlich die absoluten Spitzenreiter was experimentelles Herstellen von Spirituosen angeht: Die Jungs von Corsair sind in fast allen Spirituosenkategorien tätig, ebenso im Bereich Whisky.

Gestartet haben die Gründer der Artisan Corsair Distillery einmal als Brauer. Mittlerweile sind sie als Craft Distiller weltweit erfolgreich. Die meisten ihrer Produkte kommen in Small Batches heraus und sind limitiert. Und nicht selten wechselt die Produktpalette auch. Die Brennerei spielt mit Getreide- und Malzsorten, variiert die Hefen, die Rezepte der Maische, die Destillationszeiten und experimentiert mit den Fässern.

Ihr Corsair Triple Smoke ist das Resultat der Überlegungen von Derek Bell, einem der drei Gründer des Unternehmens, nach einem Besuch der Bruichladdich-Brennerei auf Islay. »Warum stellen die Amerikaner eigentlich keinen getorften Whisky her, wo sie doch eine solche Tradition des Räucherns von Fleisch haben?« Und so nahm man eine Getreidemischung aus drei unterschiedlich geräucherten Malzen her: Ein Teil wurde mit nordamerikanischem Kirschholz geräuchert, ein Teil mit deutschem Buchenholz und der dritte Teil bestand aus traditionellem, schottischem getorftemn Malz. Corsair verfügt seit einiger Zeit übrigens über eine eigene Mälzerei, um solche individuellen Malze herstellen zu können.

Doppelt gebrannt in der Pot Still und dann in ausgekohlten Fässern aus frischer amerikanischer Eiche gelagert. Wie lange die Lagerzeit war, ist nicht bekannt. Vermutungen reichen von einem halben Jahr bis zu zwei Jahren – in Amerika gibt es keine Mindestlagerdauer wie in Europa.

Wie der Corsair Triple Smoke schmeckt? Durch das frische Holz hat er durchaus etwas von einem Bourbon. Da sind Süße, Vanille, Röstnoten. Der Rauch ist schon sehr speziell und mit gewohnten schottischen Torfwhiskys nicht zu vergleichen. Aber es soll ja auch kein Schotte sein.

www.corsairdistillery.com

Die strahlende Musikmetropole Nashville ist die Heimat von Corsair.

Hudson Whiskey: kleine Flaschen, großer Erfolg. Nicht nur die Brennblase zeigt steil nach oben, auch die Anerkennung für die Qaltität des Whiskeys wächst.

Hudson Whiskey – the American way

»Wir machen keinen Scotch. Wir machen American Single Malt Whiskey«. Was der Unterschied ist? It's all about wood.

Tuthilltown Spirits sind der Hersteller der Hudson-Whiskeys. Neben Bourbon und Rye gehört auch ein Single Malt zu ihrem Portfolio. Hergestellt aus 100% gemälzter Gerste lagert der Hudson anschließend in Fässern aus frischer amerikanischer Weiß-Eiche, ganz so wie es das Gesetz für amerikanischen Whiskey verlangt. Um den Holzkontakt noch zu verstärken, setzt man hier bei Tuthilltowns auf kleinere Fässer als üblich. Rund 75 Liter fassen sie, das ist weniger als die Hälfte eines normalen Bourbonfasses. Dieser starke Holzkontakt lässt den Whiskey schneller reifen und macht den Hudson Whiskey enorm würzig. Durch das starke Auskohlen bekommt er intensive Vanillenoten und eine ausgesprochene Süße. Da das US-amerikanische Gesetz sich zur Länge der Lagerzeit für American Single Malt Whisky nicht äußert, muss auch keine eingehalten werden: Die Lagerzeit von weniger als einem Jahr genügt Tuthilltown, um den Single Malt so abzufüllen, wie er sein soll. Amerikanisch eben.

Als Ralph Erenzo im Jahr 2001 die alte Tuthilltown-Getreidemühle kaufte, hatte er dort eigentlich ein ganz anderes Projekt im Sinn: Er wollte eine Kletter-Ranch gründen. Doch die Nachbarn gingen auf die Barrikaden und es musste eine Alternative her. Gemeinsam mit seinem Partner Brian Lee beschloss Erenzo eine Whiskeybrennerei zu bauen. In Eigenarbeit und mit viel Enthusiasmus bauten sie die alte Mühle um und aus und eröffneten die erste Whiskeybrennerei im Staate New York seit der Prohibition. Der Erfolg stellte sich schnell ein und es regnete zahlreiche Auszeichnungen. 2010 holten die beiden Senkrechtstarter mit dem schottischen Familienunternehmen William Grant & Sons (den meisten sicher bekannt als Eigentümer von Glenfiddich und Balvenie) einen finanzkräftigen Investor an Bord, der das Label Hudson Whiskey kaufte. Im Jahr 2017 übernahm William Grant Tuthilltown Distillers komplett.

www.hudsonwhiskey.com/whiskeys/single-malt

85 Westland – Amerikanisch. Regional.

»Terroir matters« ist ein Statement, das längst nicht nur in der Weinbranche zu hören ist. Auch bei Spirituosen legt man Wert auf den Einfluss regionaler Aspekte. In der Westland Distillery an der Nordwestküste der USA hat man daraus fast eine Philosophie gemacht und will Whiskey machen, der anders ist. Whiskey aus dem Land im Westen – Westland-Whiskey.

Als Emerson Lamb und Matt Hoffman 2010 in Seattle die Westland Distillery gründeten, reihten sie sich ein in die entstehende Craft-Distiller-Szene. Eine kleine Brennerei, in der Handarbeit angesagt ist und die ihren eigenen Stil sucht. Anfangs bezog man die Würze noch aus einer Brauerei und kam auf eine Jahresproduktion von 60.000 Litern Alkohol. Schon 2013 erfolgte der Umzug in größere Räume und auch das Maischen wurde ein Teil des eigenen Produktionsprozesses. Die Produktionsmenge stieg auf 260.000 Liter.

American Single Malt Whiskey zu machen, hatte man sich auf die Fahnen geschrieben. Lokales Getreide und Fässer aus amerikanischer Eiche prägen den Westland-Whiskey.

Die Hauptabfüllungen des Labels sind der nichtrauchige American Oak und der rauchige Peated Malt, beide in Fässern aus neuer amerikanischer Eiche gelagert, zu denen beim Peated Malt auch ein Anteil zweitbelegter Fässer hinzukommt. Und dann ist da noch der Westland Sherry Wood, bei dem Amerika auf Europa trifft: Gelagert wird in spanischen Sherryfässern. Den regionalen Aspekt betont Westland ganz besonders in der Reihe Garryana: Während amerikanische Fässer üblicherweise aus Weiß-Eiche Quercus alba hergestellt werden, verwendet man die hier im Nordwesten vorkommende Eichenart Quercus garryana.

Der starke lokale Fokus der Westland Distillery und wohl auch die zahlreichen Auszeichnungen ihrer Whiskeys waren es, die das Spirituosenunternehmen Remy Cointreau neugierig machten: 2017 kaufte man die Brennerei und damit nach dem Erwerb der Islay-Brennerei Bruichladdich bereits die zweite Whiskybrennerei, die »terroir matters« unterstreicht.

Westland-Whiskey betont die regionale Verbundenheit.

Glen Breton – Scotland meets Canada

Wo, wenn nicht in den Highlands von Nova Scotia könnte in Kanada der Traum von einer Whiskybrennerei ganz in der Tradition Schottlands wahr werden? 1990 nahm die Glenora Distillery auf der Insel Cape Breton als erste Malt-Whisky-Brennerei Kanadas die Produktion auf und im Jahr 2000 kam der erste Glen Breton Rare Single Malt Whisky heraus.

Es ist ein leichter Whisky, der hier in der Glenora-Brennerei entsteht. Aromen von Butterscotch, Heidekraut, Mandeln, Karamell, Honig und ein ganz leichter Hauch von Torfrauch charakterisieren den klassischen Glen Breton Rare Old 10 Jahre, mit dem das Label in Deutschland hauptsächlich vertreten ist. Aber es gibt auch ältere Abfüllungen, wie einen 19-jährigen Glen Breton oder besondere Fassreifungen, wie zum Beispiel den Glen Breton Icewine Barrels – einfach einmal die Augen offen halten!

Destilliert wird in original schottischen Brennblasen, die hier vom Traditionsunternehmen Forsyths fachgerecht installiert wurden. Allerdings wurden sie nicht speziell für Glenora angefertigt, sondern sind aus zweiter Hand: Sie taten vormals ihren Dienst in der Bowmore-Brennerei auf Islay. Von Bowmore bekam Bruce Jardine auch Starthilfe in Sachen Schulung und Beratung, als er Glenora plante und baute. Nicht nur vom Stil des Whiskys und vom Produktionsverfahren her lehnt sich die Glen Breton Distillery eng an das schottische Vorbild an, sondern auch beim äußeren Erscheinungsbild der Brennerei selbst: Beim Anblick dieses weißen, langgestreckten Gebäudes mit dem darauf thronenden Kiln fühlt man sich sofort in die schottischen Highlands versetzt. Der Scotch Whisky Association, einer Interessenvertretung der schottischen Whiskyindustrie, war diese Anlehnung an Schottland ein Dorn im Auge: Viele Jahre prozessierte sie gegen Glenora mit der Begründung, die Verwendung des Wortes »Glen« im Namen würde viele Käufer zur irrigen Annahme verleiten, ein schottisches Produkt zu erwerben. Dennoch. Glenora darf Glenora bleiben und ihr Single Malt heißt nach wie vor Glen Breton.

www.glenoradistillery.com

Bruce Jardines Traum vom kanadischen Whisky wurde wahr.
Die Glenora Distillery: ein Hauch von Schottland in Kanada

Die Chichibu Distillery liegt im Herzen der japanischen Präfektur Saitama.
Ichiro Akuto ist der Gründer der erfolgreichen Brennerei.

Chichibu – japanischer Senkrechtstarter 🇯🇵

Etwa 100 Kilometer von Tokio entfernt arbeitet seit 2008 die von Ichiro Akuto gegründete Chichibu-Brennerei. Sie hat einen rasanten Start hingelegt und ihre Single Malts gehören bereits jetzt zu den nachgefragtesten japanischen Whiskys.

Dass die japanische Whiskybrennkunst sich stark an der schottischen orientiert, ist kein Geheimnis. Hier bei Chichibu stehen zwei schottische Brennblasen von Forsyths und auch beim Malz greift man noch überwiegend zu schottischer, englischer und deutscher Ware. Zum Teil getorft, zum Teil ungetorft. Doch man ist bestrebt, den bisherigen Anteil von rund 10 % heimischem Getreide weiter anzuheben. Man mälzt übrigens selbst, eine eigene Küferei gibt es zudem. Hier werden nicht nur die Bourbon-, Sherry-, Port-, Wein- und sonstigen Fässer aufbereitet, die zum Lagern und Finishen verwendet werden, hier werden vor allem auch selbst Fässer gebaut und zwar aus der heimischen Mizunara-Eiche, Quercus mongolica. Whisky, der in diesen Fässern gelagert wird, bekommt meist eine wunderbare Kokosnote. Und auch sonst ist Chichibu-Whisky sehr aromatisch und würzig

Heute an einen halbwegs bezahlbaren Chichibu Single Malt zu kommen, ist nicht einfach, da die Nachfrage riesig ist. Der erste Chichibu, der 2011 dreijährig erschien, war The First, der Nachfolger The Floor Malted. Die letzte Abfüllung, die bei uns regulär auf den Markt kam und noch in einigen Shops zu finden ist, ist The Peated, destilliert 2012 und abgefüllt 2016. Frucht, Süße, Malz und nussige Aromen sind harmonisch verbunden mit Torfrauch. Daneben bringt Chichibu immer wieder Einzelfassabfüllungen auf den Markt, alle stark nachgefragt und deshalb preislich bei uns im oberen dreistelligen Bereich angesiedelt.

www.one-drinks.com

88 Fuji Gotemba – geboren am Fuße des heiligen Berges

Die Brennerei Fuji Gotemba gehört zum Konzern des Getränke-riesen Kirin und produziert Grain und Malt Whisky. Daraus erzeugt sie hauptsächlich Blends und bringt Grain Whiskys heraus, aber zu einem kleinen Teil auch Single-Malt-Abfüllungen. Die kommen unter dem Namen Fuji Gotemba oder auch Kirin auf den Markt.

Der Ort Gotemba liegt am Fuße des Fuji und die Brennerei ist stolz da-rauf, dass der heilige Berg quasi ihr Wasserversorger ist: Das Regenwasser, das durch viele Erdschichten gesickert ist, wird von der Brennerei aus einer Tiefe von 100 Metern emporgepumpt. Das Klima hier in dieser Region ist nicht unähnlich dem schottischen, weshalb sie wohl auch für den Bau der Brennerei ausgewählt wurde. Es ist ein großer Industriebetrieb mit drei ver-schiedenen riesigen, kontinuierlichen Brennanlagen, aber auch vier Pot Stills für die Maltproduktion werden verwendet.

Kirin Fuji Gotemba Single Malt ist bei uns hin und wieder als 18-jährige Abfüllung zu sichten, die volle Fruchtaromen und intensive Würzigkeit ver-spricht.

Neben dieser japanischen Destillerie besitzt Kirin übrigens auch die ame-rikanische Four-Roses-Brennerei.

www.kirin.co.jp/products/whisky_brandy/gotemba/index.html

Der schlafende Vulkan ist aktiver Wasserspender.

Die Brennerei liegt zu Füßen des heiligen Berges Fuji.

Hakushu Single Malt gehört zu den japanischen Whiskys, die sich von unterschiedlichen Seiten zeigen können. Mal leicht rauchig, mal kräftig rauchig und mal ganz ohne Rauch.

Die Hakushu Distillery gehört zu den ganz Großen und erzeugt etwa vier Millionen Liter Alkohol jährlich. Seit Suntory die Brennerei 1973 erbaute, wurde mehrfach erweitert. Die Brennerei liegt am Fuße des Kaikomagatake mitten in einem Waldressort, das auch gleichzeitig ein Vogelschutzgebiet ist. Die Brennblasen besitzen unterschiedliche Größen sowie Formen und auch das Malz, das benutzt wird, variiert sehr. So kann Hakushu den Stil des Whiskys nach Belieben verändern.

Das Portfolio von Hakushu besteht aus einer Abfüllung ohne Altersangabe, manchmal Hakushu Reserve genannt, und einem 12-, einem 18- und einem 25-Jährigen. Die älteren Abfüllungen sind sehr rar geworden in letzter Zeit. Die Lagerhäuser hatten sich wegen der rasanten Nachfrage nach japanischem Whisky sehr schnell geleert und so wurde zunächst einmal verstärkt der Hakushu ohne Altersangabe beworben. Ein sehr frischer, grasiger und zitrusaromatischer Single Malt mit Noten von Pfefferminz und Gurke. Rauch ist nur ganz schwach wahrnehmbar. Ganz anders muss wohl der 25-Jährige sich präsentieren mit Crème Brûlée, gebackenen Äpfeln, Pflaumen, Ingwer, Holz und stark schwelendem Rauch. Glücklich, wer ihn probieren konnte …

www.suntory.com/factory/hakushu

Berge und Wälder prägen die Region um die Hakushu Distillery.

Hakushu Distillery: ein Arbeitsplatz im Wald – wer würde nicht gerne so arbeiten?
Ein Blick in das Fasslager der Brennerei

Miyagikyo – der japanische Lowlander

35 Jahre nachdem Masataka Taketsuru die Yoichi-Brennerei gegründet hatte, fand er die Zeit reif für eine zweite Brennerei. Es ging ihm darum, noch einen anderen Stil Whisky zu erzeugen. Hier in der Präfektur Miyagi in der Nähe von Sendai sah er die perfekten landschaftlichen und klimatischen Voraussetzungen für gegeben, um einen Whisky im Stile der schottischen Lowlands zu erzeugen. Taketsuru eröffnete im Jahr 1969 die Miyagikyo-Brennerei, damals noch unter dem Namen Sendai.

Mild, leicht, fein fruchtig, ein wenig floral und grasig – Miyagikyo Single Malt ist nichts für Freunde kräftiger, stürmischer Whiskys. Vor allem Sherryfässer benutzt das Unternehmen Nikka gerne, um das Aroma des Miyagikyo herauszuarbeiten. Der Run auf japanische Whiskys veranlasste das Unternehmen Nikka Mitte 2015 dazu, Single Malts mit Altersangabe zunächst einmal komplett aus dem Angebot zu nehmen. Vom Miyagikyo Single Malt wird seither nur eine Abfüllung ohne Altersangabe herausgegeben. Sie repräsentiert den Stil der Brennerei aber perfekt und glänzt mit Aromen von Birnen, Äpfeln, Zitrusnoten, Karamell und Malz. Ein Hauch Schokolade, ein Hauch Kokusnuss, ein Hauch Tabak und insgesamt ein sehr abgestimmtes, ausgeglichenes Aromenprofil.

www.nikka.com/eng

Acht große Brennblasen stehen bei Miyagikyo in Reih und Glied.

Yamazaki –  DER Japaner

Yamazaki war der Vorreiter der japanischen Whiskyszene, und es war auch der Whisky, dessen internationale Auszeichnungen vor einigen Jahren zum Boom der japanischen Whiskys führten.

Weich und cremig, mit Vanillenoten und Aromen von Honig, Malz, Crème Brûlée, Trockenfrüchten und Eiche – der ausgewogene und aromatische Yamazaki Single Malt 12 Jahre ist international das Zugpferd des Labels. Hergestellt wird er mit Whisky aus drei verschiedenen Fasssorten: Amerikanische, spanische und japanische Eiche sorgen für ein perfektes Joint Venture dreier Kontinente. Auch ein 18-Jähriger, ein 25-Jähriger und ein Yamazaki Distiller's Reserve ohne Altersangabe gehören zum ständigen Sortiment.

1923 war Yamazaki als erste Whiskybrennerei Japans von Shinjiro Torii gegründet worden. Um sich auf den Bau der Whiskybrennerei und die Herstellung von Whisky vorzubereiten und das nötige Wissen ins Land zu holen, hatte Torii seinen Angestellten Masetaka Taketsuru zuvor für drei Jahre nach Schottland geschickt, um dort in verschiedenen Brennereien so viel wie möglich über Whisky zu lernen. Was damals mit zwei Pot Stills begann, ist heute zu einer großen Destillerie mit 16 Pot Stills angewachsen, alle mit unterschiedlicher Form und Größe, um leicht unterschiedliche aromatische Ergebnisse zu erzielen. Die Brennerei, zwischen Osaka und Kyoto gelegen, kann heute eine Produktionskapazität von sechs Millionen Litern vorweisen.

Yamazaki ist wohl unbestritten der international bekannteste japanische Whisky, nicht zuletzt aufgrund der Auszeichnung des Yamazaki Single Malt Sherry Cask 2013 zum »Whisky des Jahres« durch Jim Murray und den Titel »World's Best Single Malt Whisky 2012« bei den World Whiskies Awards.

www.suntory.com/business/beam_sun

Die Yamazaki Distillery liegt in Shimamoto in der Präfektur Osaka.

92 Yoichi – des Meisters Traum

Yoichi ist die Brennerei, mit der Masataka Taketsuru sich 1934 seine Vorstellungen von einer perfekten Whiskybrennerei in Japan erfüllte. Taketsuru hatte den Standort auf der Insel Hokkaido unweit von Sapporo bereits mehr als 10 Jahre zuvor ins Auge gefasst, als er für seinen damaligen Chef Shinjiro Torii nach einem Bauplatz für dessen Yamazaki-Brennerei suchte. Klima und Wasser erschienen ihm ideal und erinnerten ihn an Schottland, wo er zuvor drei Jahre verbracht hatte. Torii entschied sich aber für die logistisch vorteilhafter gelegene Gegend zwischen Kyoto und Osaka. Nachdem Taketsuru aus dem Unternehmen Suntory ausgeschieden war, ging er nach Hokkaido und baute Yoichi. Der Grundstein für das Unternehmen Nikka war gelegt.

Yoichi Single Malts sind rauchig und würzig. Im Handel hat 2015 ein Yoichi Single Malt als Standardabfüllung der Brennerei die Yoichis mit Altersangabe ersetzt, damit die geringen Restbestände alter Fässer geschont werden konnten. Dieser Single Malt lebt von Aromen von kandierten Orangen, Birnen, Nüssen, Vanille, einem Hauch Salz und Eiche. Und natürlich von dem Rauch, der angenehm präsent ist.

Man darf allerdings nicht meinen, dass Yoichi nur Whisky dieses Stils produziert. Die große Brennerei mit einer jährlichen Produktionskapazität von zwei Millionen Litern Alkohol benutzt Malze mit unterschiedlichen Torflevels und variiert Hefen, Fermentationszeiten, Destillationen und Arten der Lagerung. So erzielt man eine Bandbreite an Whiskystilen für die Blendproduktion von Nikka.

www.nikka.com/eng/products/single-malt/yoichi.html

Die Yoichi-Brennerei auf der Insel Hokkaido

Amrut – der Nektar der Götter 🇮🇳

Was dem Schotten das gälische »Uisge Beatha«, das Wasser des Lebens, ist dem Inder der »Amrut«, der Nektar der Götter, das Lebenselixier aus der indischen Mythologie. 1948 wurde die Amrut-Brennerei bereits gegründet, der erste Single Malt kam aber erst 2004 auf den Markt. Die internationale Whiskywelt blickte zum ersten Mal nach Indien. Man arbeitet schottisch-traditionell im Pot-Still-Verfahren und pflegt die Verbundenheit zu Schottland ganz bewusst: Neben dem Amrut Indian Single Malt Whisky in getorften und nichtgetorften Varianten gibt es beispielsweise auch den Amrut Fusion, bei dem Whisky aus indischem ungetorftem Malz mit Whisky aus getorftem schottischem Malz vermählt wird. Ganz so weit wie der Weg des schottischen Getreides ist das des indischen zwar nicht, doch es wird auch über mehr als 2.000 Kilometer aus den Anbaugebieten in den nördlichen Regionen Indiens in den Süden zum Brennen gefahren.

Im warmen Klima Indiens mit den großen Temperaturunterschieden reift der Whisky viel schneller heran als in den kühleren schottischen Lagerhäusern. Was auf den ersten Blick als Vorteil erscheinen mag, hat auch seinen Preis: Der Angels' Share, also der Verdunstungsverlust während der Lagerung, ist hier in Indien fünf- bis sechsmal so hoch und beträgt bis zu 12 % jährlich. Einiges geht also verloren, was sich besonders bei lange gelagerten Fässern an der geringen Ausbeute und entsprechenden Limitierungen bemerkbar macht. Doch für die Whiskyliebhaber gibt es trotzdem reichlich Amrut-Whisky auf dem Markt. Gereift in Bourbonfässern oder unterschiedlichsten Sherryfässern – umschauen lohnt sich!

www.amrutdistilleries.com

94 Paul John – »der andere Inder«

Wenn bis vor kurzem in Deutschland die Rede war von indischem Whisky, dann war so gut wie immer Single Malt von Amrut gemeint. Dabei gehört die starke indische Whiskyindustrie zu den mengenmäßigen Topsellern und der indischen Marke Officer's Choice gelang es 2014 sogar, das Label Johnnie Walker vom Platz 1 der weltweit meistverkauften Whiskys zu verdrängen.

Seit den 1990er-Jahren versucht das Unternehmen John Distilleries sich mit dem Paul John Single Malt auf dem internationalen Markt zu etablieren. Auch in Deutschland ist er heute mit großem Erfolg vertreten.

Mit den drei Abfüllungen Brilliance (nicht rauchig), Edited (leicht getorft) und Bold (stark getorft) ist Paul John im Standardbereich aromatisch breit aufgestellt und präsentiert dazu Einzelfass- und Small-Batch-Abfüllungen. Wie Amrut erfährt auch Paul John Whisky während der Lagerung im indischen Klima große Verluste durch hohen Angels' Share und reift durch intensiven Austausch mit dem Holz sehr schnell. So kommt der Malt in der Regel sehr früh in die Flaschen und trägt nur selten eine Altersangabe. Das tut aber einem komplexen Aromenbild keinen Abbruch – »Trinken nach Zahlen« macht hier wenig Sinn.

www.pauljohnwhisky.com

Sowohl rauchiger als auch nicht rauchiger Paul-John-Whisky reift in den Fässern heran.

Michael D'Souza, Master Distiller von John Distilleries in Goa

Der Kavalan-Whisky entsteht in der Landgemeinde Yuanshan.
Vor der Befüllung werden die Fässer aufbereitet und ausgebrannt.

Kavalan – Taiwans Senkrechtstarter

Als der Kavalan Vinho Barrique 2015 bei den renommierten World Whisky Awards zum besten Single Malt der Welt gekürt wurde, war das die Krönung eines beeindruckenden Siegeszuges.

2008 brachte das Unternehmen King Car den ersten Whisky heraus, der zunächst erfolgreich auf dem heimischen taiwanesischen Markt etabliert wurde. Orientiert am schottischen Produktionsverfahren und beraten von international renommierten Whiskyexperten entwickelte das Team um Master Distiller Ian Chang qualitativ hochwertigen Whisky, der begeisterte. Als man nach kurzer Zeit den internationalen Markt mit den Kavalan-Solist-Abfüllungen, Einzelfassabfüllungen in Fassstärke, betrat, wurde der sofort im Sturm erobert. Ob Kavalan aus Sherry-, Wein- oder Bourbonfässern – die Abfüllungen wurden den Händlern aus den Händen bzw. den Regalen gerissen. Kavalan pflegt einen nicht rauchigen Charakter. Als »Peaty Cask« wurde jedoch schon ein rauchiger Kavalan herausgebracht.

> ▶ **Im September 2015 erhöhte sich das jährliche Produktionsvolumen der Brennerei nach einer Erweiterung von 1,5 auf 4,5 Millionen Liter Alkohol.**

Er erhielt dieses spezielle Aroma allerdings nicht durch das Torfen des Malzes, sondern durch die Lagerung in einem Fass, das zuvor stark rauchigen schottischen Whisky beherbergt hatte.

Wurden vor 2015 noch anderthalb Millionen Liter jährlich produziert, so war es nach einem Ausbau der Brennerei die dreifache Menge. 2016 verdoppelte man durch eine erneute Expansion nochmals auf gigantische neun Millionen Liter. Dem Klima mit seinen großen Temperaturunterschieden ist eine sehr schnelle Reifung zu verdanken, sodass der Kavalan-Whisky meist nach vier, fünf Jahren abgefüllt wird. Auf den Etiketten ist das Alter nicht angegeben, aber das wäre sowieso nicht mit dem eines in Schottland oder einem anderen europäischen Land gereiften Single Malts vergleichbar.

www.kavalan.eu

Omar – Taiwan hat nicht nur den einen

Taiwanesischer Single Malt? Ganz klar, nicken viele da, kenn ich – Kavalan. Doch mittlerweile hat man auch in Deutschland mitbekommen, dass es in Taiwan einen weiteren Whiskyhersteller gibt. Der Omar-Whisky der Nantou Distillery wird nämlich bereits mit viel Erfolg bei uns vertrieben.

Zwei Produktlinien sind bei uns seit kurzem erhältlich: Omar Bourbon Cask und Omar Sherry Cask. Der erste mit fruchtigen, frischen Noten, Sahne, Karamell, Honig. Viel Zitrusfrucht wie Mandarine und Eichennoten. Beim Sherry Cask bekommen wir Aromen getrockneter Früchte, dunkler Beeren, Orangen, von Schokolade und Karamell. Neben diesen beiden Editionen sind in Taiwan und international natürlich noch weitere Abfüllungen erhältlich, auch aus Einzelfässern, die von dem Potenzial zeugen, das in diesem noch jungen Label liegt.

Seit 2008 stellt man in der Nantou Distillery Whisky her, die zum Unternehmen Taiwan Tobacco & Liquor Cooperation gehört. Vier Brennblasen des schottischen Unternehmens Forsyths arbeiten hier, Mashtun und Gärbehälter stammen aus Deutschland. Bei Nantou wird nur in den »kühleren« Monaten destilliert, von Mai bis September ruht die Produktion. Allerdings nicht die Reifung: Sie geht weiter und sie geht schnell weiter: Aufgrund der klimatischen Verhältnisse reift der Whisky sehr schnell und auch der Angels' Share, der Verlust durch Verdunstung, ist mit seinen etwa 5% sehr hoch. Hoffen wir, dass uns die Engel genug übrig lassen …

en.ttl.com.tw

Omar Single Malt Whisky entsteht in der Nantou Distillery.
Im Nantou County liegt der Sun Moon Lake, der größte Binnensee Taiwans.

Zwei Brennblasen für den Three-Ships-Whisky
In weißer Pracht: die Sedgwick Distillery

Three Ships – südafrikanischer Whisky hat Segel gesetzt

Gibt es noch Länder auf der Welt, in denen kein Whisky hergestellt wird? Vermutlich gibt es sie, aber Südafrika gehört definitiv nicht dazu. Hier hat nämlich die James Sedgwick Distillery bereits 1977 den ersten Whisky herausgebracht.

Zugegeben – dieser erste Whisky war kein Single Malt, sondern ein Blended Whisky und noch heute liegt der Schwerpunkt der Brennerei auf der Herstellung von Blends und Grain Whisky (der hier zu 100% aus Mais erzeugt wird), aber seit 2003 entsteht auch Single Malt. Sehr wenig zwar und nicht regelmäßig, aber doch wert, in einer Vorstellung internationaler Single Malts erwähnt zu werden. Wer sich umschaut, wird den 10-jährigen Three Ships Single Malt sicher hier oder dort entdecken. Vanille und Toffee, Trockenfrüchte und eine süße Note charakterisieren den Malt. Gelagert wird bei Sedgwick fast ausschließlich in Fässern aus amerikanischer Eiche.

Warum Three Ships? So fragt sich mancher. Es ist eine Marketinggeschichte: Große Entdecker waren früher nie mit nur einem Segelschiff unterwegs. Meist segelten drei oder noch mehr miteinander. Das kennen wir von Vasco da Gama und von Christoph Kolumbus, das handhabe auch Captain James Sedgwick so, erzählt man, als er nach Südafrika aufbrach. Er ließ sich dort 1850 nieder, gründete ein Unternehmen für Tabak- und Spirituosenhandel und 1886 folgte der Bau der Brennerei. Die Geschichte des südafrikanischen Whiskys geht demnach also auf drei Schiffe zurück – three ships.

www.threeshipswhisky.co.za

Die Brennerei liegt am Berg River, dennoch ist sie in Dürrezeiten von Wassermangel bedroht.

Bakery Hill – Rauchzeichen aus Australien

In Australien ist in den vergangenen Jahren eine wachsende eigene Whiskyszene entstanden. David Baker gehört mit seiner Bakery Hill Distillery bereits seit 1999 dazu; im Jahr 2000 floss der erste Alkohol aus der Brennblase.

David Baker mag es rauchig. Und auch nicht rauchig. So stellt er in seiner Brennerei in North Bayswater, Victoria, verschiedene Whiskystile her. Den Classic Single Malt, der aus nicht getorftem, australischem Malz erzeugt wird und einen sehr frischen, fruchtigen und alkoholischen Charakter hat. So wie auch der Peated Single Malt, dem getorftes schottisches Malz seinen rauchigen Charakter verleiht. Beide lagerten sie in Bourbonfässern und beide werden sowohl in Trinkstärke mit 46 % vol abgefüllt als auch als Cask Strength Abfüllung mit 60 % vol. In Bourbonfässern und abschließend noch einige Zeit in französischen Eichenfässern lagert der Bakery Hill Double Wood, in dem würzigere Eichennoten dem Single Malt mehr Trockenheit verleihen. Vom Grundstil her zeigen Bakery Hill Single Malts starke Zitrus- und Pfirsicharomen, Getreide und eine junge alkoholische Note.

www.bakeryhill.com

Whisky machen und verkaufen ist Teamarbeit, auch bei Bakery Hill.

Bakery Hill Single Malt in Fassstärke

Leere Fässer warten auf das Befüllen in der Lark Distillery in Tasmanien.

Lark – vom anderen Ende der Welt

99

Klares, weiches Wasser, Farmen mit großen Getreidefeldern, reiche Torfvorkommen, ideales Klima zum Reifen von Whisky – wieso gibt es in Tasmanien eigentlich keine Whiskybrennerei? Solche Gedanken kamen Bill Lark bei seinen Angelausflügen und er beschloss, den Mangel zu beseitigen: 1992 gründete er die Lark Distillery.

Für alle, die gerade in ihren Geografie-Gehirnzellen stöbern: Tasmanien ist eine Insel im Süden Australiens. Die Brennerei liegt in der Hafenstadt Hobart. Neben Whisky stellt Lark auch Gin, Rum und andere Spirituosen her, doch der Single Malt ist das stolze Flaggschiff der Brennerei. Er entsteht in einer 1800 Liter Pot Still. 50% getorftes und 50% nicht getorftes Malz wird verwendet und verleiht dem Whisky eine deutliche, aber nicht aufdringliche rauchige Note. Sehr viel tropische Frucht, Ananas, Toffee, Süße, pfeffrige Noten, eine große Süße und ein cremiges Mundgefühl kennzeichnen den Whisky. Der klassische Single Malt wird nach fünf bis acht Jahren abgefüllt, und da er in kleinen 100-Liter-Fässern gelagert wurde, kann er in dieser Zeit deutlich schneller reifen, als es Whisky in Fässern von Standardgröße üblicherweise tut.

www.larkdistillery.com

In der Ruhe liegt die Kraft: heranreifen, um Lark Single Malt Whisky zu werden.

Register

Bildnachweis

► **Impressum**

Produktmanagement: Sonya Mayer
Redaktion, Umschlaggestaltung, Layout und Satz: textbildsinn, Lothar Reiserer
Korrektorat: Franziska Sorgenfrei
Repro: LUDWIG:media, Zell am See
Herstellung: Barbara Uhlig

Text: Petra Milde
Fotos: siehe Bildnachweis S. 191

Printed in Italy by Printer Trento S.r.l.

Sind Sie mit diesem Titel zufrieden? Dann würden wir uns über Ihre Weiterempfehlung freuen.
Erzählen Sie es im Freundeskreis, berichten Sie Ihrem Buchhändler, oder bewerten Sie bei Onlinekauf.
Und wenn Sie Kritik, Korrekturen, Aktualisierungen haben, freuen wir uns über Ihre Nachricht an Christian Verlag, Postfach 40 02 09, D-80702 München oder per E-Mail an lektorat@verlagshaus.de

Unser komplettes Programm finden Sie unter  www.christian-verlag.de

Die Deutsche Nationalbibliothek verzeichnet diese Publikation in der Deutschen Nationalbibliografie; detaillierte bibliografische Daten sind im Internet über http://dnb.d-nb.de abrufbar.

ISBN 978-3-95961-107-7